一場中西合璧的

美麗邂逅

百年清華的理性與浪漫

龐洵 著

國家圖書館出版品預行編目資料

一場中西合璧的美麗邂逅——百年清華的理性與浪漫／
龐洵 著 · —初版— 臺北市：信實文化行銷，2008.09
面 ； 公分
ISBN 978-986-6620-17-1（平裝）
1.清華大學（北京市）2.歷史

525.8211/101　　　　　　　　　　　97015720

STYLE 09
一場中西合璧的美麗邂逅——百年清華的理性與浪漫

作　　者：龐　洵
總 編 輯：許汝紘
主　　編：胡元媛
執行編輯：黃心宜
美術輯編：張尹琳
發　　行：楊伯江、許麗雪
出　　版：信實文化行銷有限公司
地　　址：台北市大安區忠孝東路四段341號11樓之三
電　　話：（02）2740-3939　傳　真：（02）2777-1413
網　　站：www.cultuspeak.com.tw
電子郵件：cultuspeak@cultuspeak.com.tw
劃撥帳號：50040687信實文化行銷有限公司
乘隆彩色印刷（02）8228-6369
圖書總經銷：知己圖書有限公司
（台北公司）台北市羅斯福路二段95號4樓之三
電話：（02）2367-2044　傳真：（02）2362-5741
（台中公司）台中市407工業30路1號
電話：（04）2359-5819　傳真：（04）2359-5493

2008年9月初版一刷
定　價：新台幣250元整

目 錄

0 引子

　　小的時候，喜歡在夏夜裡躺在樓頂上看星空，在每一顆星星上面拴上一個願望或夢想。我把長大後進北大讀書掛在了北極星上，把進清華掛在了天狼星上，因爲兒時的我從來沒有像別的孩子那樣自信過。

　　我把這兩個願望完全當成了夢想，讓它們在我以爲最遙遠的兩顆星上向我微笑。我想，雖然它們遙不可及，但是——哦，眞的沒有關係，我只要能夠一仰頭看見它們向我投來的一點星光就可以了。

　　我是在說星星，但也是在說大學。

　　十幾年過去了，懵懵懂懂地離開了故鄉，糊里糊塗地住進了燕園，忙忙碌碌地工作，順其自然地生活。忘記了曾經在滿天的繁星上掛過的心願。眞的是記不起了……。

　　人總會在某個時刻突然悟到什麼，心裡懷著幾分驚訝，意識到自己正身處何地：原來我竟然在北極星上，天狼星距我只有一街之隔。我在北極星上吸取她的靈氣，也時常來到天狼星遊玩會

友、偷學技藝和參加校際的正式交流。

曾經的夢想竟然在不知不覺之間化爲了現實，意識到的時候，驀然之間，竟讓人不願意接受。

清華和北大離得是如此的近，以至於打破圍牆，再稍微一接，讓一條路改改道，便能夠把兩個校園合爲一體。當知道這一點時，剛念大學的我實在是欣喜若狂，失聲叫道：「那不是兩個學校可以一起念了嗎？全世界再找不出比這更好的事來了。」

於是，還在昌平流放的時候，就忙不迭地趁著週末要回燕園來玩，然而燕園還沒有逛完，就又等不及地來到清華東張西望。第一個寒假回家時，跟老同學吹牛，也總是不忘強調：「清華就在我們旁邊，很近的鄰居。」就差點沒厚臉皮地說出「我們清華」來了。

任何值得人驚訝和感激的東西，只要是進入了日常的生活，最終都會無法避免地成爲習慣，從而歸於平淡無奇。或爲了探望朋友，爲了趕一場講座，或爲了旁聽一門課程，或乾脆是散散心，或甚至是取道過路，進出清華園自然而頻繁到沒有什麼感覺了。清華的校園、清華的歷史和清華的風格，也因爲熟悉而再也不能成爲勾起興趣的話題。爲平常而瑣碎的事情接觸她的時候太多，竟然有很長一段時間沒有爲她憑欄感懷的心境了。

然而，眞正長久而深沉的感情，都是在不經意的平淡中悄悄產生，並且越來越細膩，直到有一天才會驀然間覺察到它的存在。

在這個暮春的時節，有那麼一天，那本是一個再平常不過的日子。我在清華的舞蹈練功房裡累了個精疲力竭之後，和往常一

樣，從現代而大氣的清華東門進去，沿著樹蔭漸濃的平直大道，穿越清華校園回家。夕陽下的校園有一種內蘊深沉的寧靜，地上的樹影微微地抖動著，像是在講著古老傳說的嘴。我抬了一下頭，看了看這穿梭來去的大路和它兩旁幽深的樹叢，心裡有一種莫名的感覺。然後，我的單車突然一拐，騎出了大道，進了一段曲折的小徑。我的心也跟著迂迴起來。

車停在一條小溪旁，我把它斜放在了草坪上，自己走上了前面一座白色的小橋。四面都是樹，樹林的縫隙中有閣樓的一角。淡淡的晚霞把幽幽的光輝輕輕地灑在了水面上，波光微微地跳動著。

我的鼻子突然酸了，不因為夕陽的憂傷，不因為我的悲楚，因為什麼，我說不清，真的說不清……，哦，對了，對了，也許因為我在一剎那意識到了，我在清華園裡，在我的天狼星上，也在不知道多少顆心中的天狼星上……。

啊，這好像有點可笑，是有那麼一點……我竟然會被這樣一個想法弄到感激涕零的程度。

可為什麼不可以呢？平凡的我能夠站在這裡欣賞古園的日落，能夠在這裡遇到自己受益終身的恩師，能夠在這裡尋到默契摯誠的朋友，甚至也曾在這裡有過傷感而美麗的愛情……。

清華不屬於我，我也不屬於清華，但是她承載過我的苦樂，她接納過我的求學，她用深沉的歷史和獨特的風格影響過我的精神，她給了我一個別樣而無悔的青春。而我呢，我不由自主地愛著她、崇敬著她，試圖瞭解她、希望靠近她……。

我知道，今後無論我身在何方，無論周圍有多麼精彩或無

聊，無論我在俗世中如何上躥下跳，還是已經如何疲倦，每年當春天來臨，我在惦念著未名的嫩柳時，一定會問一聲：「水木清華，您的草地有幾分綠意了？」

我看著悄然降臨的夜幕，有點兒無奈。明天吧，我會在晨曦中到來，仔仔細細地咀嚼與您比鄰而居的幸福。

1 | 我想講述您博大的傳說

可是我該從何處開始呢……

　　從北大的東門出來，東邊的天空微微泛紅。朝陽要升起來了，空氣也很清新。我向東北遙望了一下，或許沒有人知道我在看什麼。我心裡在問：「您醒來了嗎？」但馬上，我就發覺這一問是如此的多餘。清華的勤奮哪裡是北大的散淡人該去懷疑的呢？

　　單車在晨風中如此輕快，蹬沒兩下，清華的西門就呈現在我的面前了。暗灰色的門在淡藍色的天幕中顯得冷靜而肅穆。西式、高大、石頭的質料和拱型的門洞，都暗示出這座聞名遐邇的中華名校不一樣的歷史和內涵。

　　門立在交通繁忙的路口，白天的時候，繁亂嘈雜異常。門前的一對石獅子也總是隱沒在人群和車流之中。高大的校門並不顯眼，過往的時候，並不會有人回頭；進出的時候，也不會有人為它而停留。

　　然而現在看著它，在寧靜的清晨和寬敞少車的路旁，竟是那麼的巍峨不凡。

　　清華就是這樣，內涵深沉，但從不賣弄和炫耀，在俗世中不會格格不入，卻又總能保持自己的卓爾不凡。

　　進了校門，找了個地方把單車停下。我要一步一步地走遍清華。這是一個不凡的決定。因為清華太大，大到學校裡需要專門的班車或者叫公共汽車。最開始聽說清華有自己的校園公車，以為是謠傳，直到親自坐了一回之後，才敢相信。這不，我剛從停車的地方走出來，一輛計程車就緩緩地開到我的身邊，師傅在車裡衝我熱情地招呼：「小姐，要車嗎？」我謝絕了他的好意，說我是逛校園的，他就正色說：「那你就更該坐車了，園子這麼大，逛一圈連個壯漢也得趴下。」我這才明白過來，他是在清華校園裡用自己的計程車專門開「旅遊觀光路線」的師傅之一。清華之大，可想而知了。

　　西門一進來，就是一條大路，一直綿延幾千公尺看不到盡頭，寬敞到不像是校園中的幹道，而是像一條小馬路，車輛來來往往，穿梭個不停，即使是在早上。路上隔沒多遠，就有一道特

清華大學的公共汽車站牌。雖然服務周到而且也挺方便，可是在清華最主要的交通工具還是自行車，畢竟更靈活、更方便。

清華的一處街景。清華學生走路的步速是相當快的，總顯得匆匆忙忙。不過也難怪，這麼繁重的學業，那還不得疲於奔命？

設的路障，把路攔得結結實實的，無論汽車、機車、自行車，管教你快不起來。因此儘管人來車往，校園卻有一種別樣的安靜。

從這條路一開始，就有一條小河在它的旁邊伴著它。高高的河堤上垂柳依依，在微風中溫柔地輕撫著白色的欄杆。河岸平整規則，嚴格地呈兩條直線與大路平行。河水悄無聲息地流淌著，冷靜而不失靈性。

路的另一邊卻是樹叢和草地。在這交通要道的旁邊有如此清

一進西門，這條小河就一直伴隨著大路，直到二校門的地方，才尋不見蹤影了。偶爾也有階梯通到臨水之處，可並不見得能吹到河風。

清華的水都是在規範中流動，直直一條。兩岸也是規則平整，岸堤和階梯絕不含糊地用平行線和垂直線，所要的就是這樣的大氣、開闊和簡潔。

靜而幽深的去處，果然可以鬧中取靜。樹木繁茂，青草翠色欲滴，越過低矮的圍欄，不知道一直延伸到了多麼深遠的地方。真是想鑽進去看看，到底這濕潤的綠要流向何方呢？

順著路不用走多遠，小河就分道而流。一支轉了個優雅的彎，穿過大路，向北邊流去，使得路上又多了一座可愛的小橋。另一支繼續平直地和路相伴而行，可是現在它的兩岸卻不再是小家碧玉的欄杆，而是開闊起來、大氣起來。

上兩步階梯就可以走進岸邊的園子。剛要進去，就看到一塊巨大而顏色濃濕的石頭立在旁邊。臺座上刻著它的名字，頗是老式而優雅——「桂韻」。

清華的學生對母校的熱愛和感激是別所大學難以相比的。北大人愛北大，可那是一種帶著幾分怨恨、幾分無奈、幾分畏懼的愛，可清華人愛清華卻是充滿感激、充滿懷念、充滿歸屬感和踏實感的愛，愛得那麼親切如生養父母，愛得那麼毫無怨言如夢中故里。清華校園裡大量的奇石雕塑、碑刻銘文和亭臺樓閣，都是各屆清華學子們，為了對他們心中永遠的母校表示熱切愛戀而捐贈修建的。

這塊叫「桂韻」的石頭據說是前寒武紀時期的海底火山岩，已經有一億多歲，可謂老到難以想像了。為了向清華九十華誕獻禮，廣西的清華學子把它千里迢迢搬到這裡，真是又勤快又多情呀！

這是一片設計精心、安排細緻的園子。在園子的一頭，是一個外表奇特的房子，房身被前面的小樹遮了起來，線條洗練的屋頂反射著太陽的光芒。這很像是一座具有紀念性質的建築，但實

大路的另一側，是深不可用目測的樹林和草地，綠意濃濃、幽靜宜人。裡面鳥鳴聲聲，使得大路上的行人也能享受到林間的快樂。

叫做「桂韻」的石頭，守住這個園子的入口，倒是很威風的樣子。

際上它只是抽水的地方。幾把椅子相隔甚遠地一字排開，上面空無一人。這裡雖然是一個不錯的地方，可是離教學區和生活區太遠，忙碌的清華學生是沒有工夫到這裡來坐坐的。清淺的水池裡，如花朵盛開、蓮葉舒展的噴泉讓水活躍起來，晨光在這裡跳動。

順著幾級平整而線條舒展的臺階往下走，蹲在小河的邊上，一陣涼涼的水氣讓人感覺是如此的清新。伸出手去，把手凹起，在河裡捧起水來，再讓它流下去，聽那悄悄的水聲，不會驚醒水

在一所有大來頭的學校裡，往往會以為什麼東西都非同凡響。我就看這小房子看了好久，以為是什麼特別的紀念堂，最後才發現，不過是抽水用的而已。

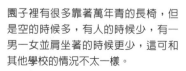

園子裡有很多靠著萬年青的長椅，但是空的時候多，有人的時候少，有一男一女並肩坐著的時候更少，這可和其他學校的情況不太一樣。

低矮的噴泉形成一朵又一朵的花，光滑的弧面反射著太陽的光亮。但最動人的還是它們發出的水聲和有意無意中濺起的水舞，都給人那麼清涼的感覺。

中的魚兒吧？

　　過了一道小橋，面前就是一個路口。在道旁有標得既詳細又精確的路標，告訴行人哪一條路上有哪些去處，又是文字、又是圖示的，真是善解人意、熱情周到得很啊！

　　可不是嗎？清華這麼大，不管是名氣還是校園，每天在這裡行走的人有很多都不是裡面的先生和學生，不常來的人太容易迷路了。清華可不喜歡讓人糊塗，這是個願意每個人都有目標、有方向的地方，這也是一個會儘量幫助每個人得到目標和方向的地方。對於太容易迷路的現代人，這是一個多麼值得嚮往的地方！

　　我還是選擇了離開大道，進了一條小路。旁邊是一個露天的

在清華，幾乎每到一個大的岔路口就會看到這樣的路牌，一則是因為清華的大，二則是因為清華好客，知道每天都有遊客「到此一遊」，怕他們迷了路。

游泳池，本來沒有什麼稀奇的地方，可它偏偏要叫「西湖游泳池」，讓人不由得為它駐足片刻。清華沒有湖，這也許會構成遺憾，所以就把游泳池當湖了，而且還是「西湖」哩！反正它也是在西邊，「池」和「湖」又沒有幾許差別，誰能說不是呢？

探頭探腦地越過鐵欄杆往裡面看，現在還早，沒有人晨泳，一池的水綠得宛如翡翠，好生讓人喜歡。在游泳池外面的售票處寫著賣飲料的招牌，更好玩的是這裡居然還賣爆米花。一邊游泳，一邊口裡嚼著爆米花，這也是一種另類的嘗試吧。

再走兩步就是一片可愛的樹林。低矮的龍爪樹擺著奇怪而憨

清華的露天游泳池蓋在主街旁，地處交通要衝，走得煩了、熱了，衝進去游上一陣，難道不是很愜意的一件事情？

態可掬的POSE，有幾根亮綠的枝條禁不住俯下身去與芬芳的泥土親吻，和帶著露珠的小草握手。

　　幾棵桑樹高大挺拔，仰頭望去，樹葉在陽光的照射下彷彿是半透明的。我的眼睛被從樹葉縫隙中透過來的陽光刺得有點疼了，趕緊轉頭到葉子濃密的地方。我這才發現，樹上竟有這麼多的桑椹，紫色的、烏紅的、淡粉的、青綠的……，我伸出手來，輕輕一摳，摘下了一顆紅到發紫的桑椹，放入口中，真的很甜。這時候，聽到樹的另一邊有兩串女孩的笑聲。看過去，是兩個穿著細肩帶洋裝的窈窕淑女也在採桑椹吃。誰說清華無美女了？在朝陽下、綠樹中，她們的笑容可愛極了，她們美麗的小手優雅而頑皮地摘著樹上的果實，純淨清亮的眼睛裡是青春的興奮。

　　我正在欣賞這少女採桑故事中的情景時，她們又像蝴蝶一樣飛走了，飛進了旁邊的草地裡和花叢中。這裡有一片如此絢爛的花叢，怎能不吸引愛美麗的女孩？花紅得像燃燒的火焰，一直延伸了出去，最後變成一叢高高的粉色薔薇。

草地上面盛開著各色的花，連成一線，一直開進了樹叢之中，給這一片恬淡的綠意增添了好幾分典雅的熱鬧。

踏著野草靜靜地走著，這裡真是一片好地方呀。

前面是空地，中間長著兩棵大樹。有意思的是，大樹下用木頭凳子圍了起來，組成一個正六邊形。清華就是清華，到哪裡都有數理幾何的東西。聽說中國科技大學的房子都蓋成了分子結構圖，也太極端了。不過清華恰到好處，這六邊形的確美麗，就像清華一位老師說的：「數學是美的，它美妙絕倫。」而且這凳子還實用，六個邊能坐下不少的人哩，可不比放把椅子來得有智慧

可以圍著樹幹坐一圈，這種形狀的凳子，倒讓人想起了幼稚園玩遊戲時候的情景。只不過清華學生可不在這裡玩遊戲，他們抱著天書在這裡啃！啃！！啃！！！呀——

嗎？

　　有兩個男孩坐在這裡埋頭看書，一個把腦袋低到快要一頭栽進書裡，另一個卻嘩嘩地翻著書，以一目十行的天才速度在快速閱讀。

　　我還是最好不要打擾他們吧，這些勤奮的天才。我輕輕地走了，走進了緊鄰著的另一片有六邊形圍凳的空地上。這裡空無一人。現在該是大多數學生上課的時間，所以來這裡的人少。若是中午的時候，光是來這裡躺著午休的人就足以把凳子全給占滿。在大學裡，男生們喜歡幕天席地而睡，這簡直成了放之四海而皆準的真理了。青春年少時，內心裡總有想飛的衝動，總嚮往著海闊天空，總希望自己能夠和藍天大地融為一體，總討厭任何的阻攔和束縛。就算是紀律嚴明、生活規矩、成天累到死去活來的清華學子，同樣也有想飛的心靈，而且比別處的人更為強烈，只是

誰說清華學生不懂享受了？誰說清華學生不趕時髦了？這一位正在日光浴呢。

他們比別人更理性而已。

　　沿著有些微微上坡的小路走著，我突然停下了腳。我可不能繼續向前走了，因為有人會因此而尷尬的。在前面不遠處，朝陽正射在一張石桌和幾把石凳上，寬闊的臺階在周圍的茂林映襯下，簡直就像一個打上聚光燈的舞臺，在這舞臺上，一位男生正擺著自由浪漫、無所顧忌的姿態享受著陽光呢。清華也有這麼具藝術氣質的人？可別總帶著先入之見看清華人呀。有一次跟一個清華的朋友開玩笑，談及流傳京城大學的各種說法，提到「北大的瘋子，清華的傻子」時，那位素來的謙謙君子、彬彬有禮到比日本人還日本人的紳士，竟然突然臉紅脖子粗起來，嚷道：「喂喂，有沒有搞錯，清華也有瘋子的，也有瘋子的，什麼『子』都有，就是沒有傻子。我們最討厭人家這麼說我們了，不知道就別亂發言，告你誹謗的。」

　　是啊，清華需要你反反覆覆地讀，清華人需要你近切地接觸，才能瞭解她和他們……。

2 遙遠的記憶，縹緲的歌曲

正是這樣的古老，才讓您絕頂地美麗……

　　只需要轉過身來，就可以看到水榭雕欄和亭臺樓閣了。先不要感歎景色的如詩如畫，因為像清華這樣有深厚積澱的學府，任何東西真正的美麗動人之處首先都不是在它的外在上，而是在於它把歷史攬入了懷中，把精神刻進了骨子裡。

　　在這一眼望去寧靜幽古的園林遺址上，清華雄健剛勁而又感人心魄的宏大樂章奏響了它的第一串音符。

　　這是近春園。

　　很久以前的一個陽光明媚的日子裡，乾隆爺在璀璨華貴的圓明園裡信步而行。不覺之間，轉到工字廳的後面，原本也沒有在

當年皇家園林近春園遭到劫難之後殘留下來的遺跡，在這一片地方，這些斷瓦殘垣散落在各處，無聲地控訴著曾經所見所感的野蠻。

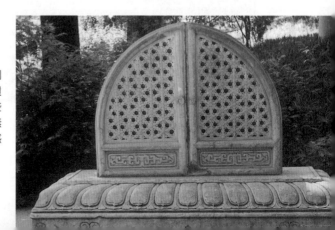

立於荒島上的碑，上面講述著近春園滄桑的歷史。

意，但走著走著，猛然間發現這裡與其他的去處很不一樣。這裡林木幽深、丘陵變幻、古屋隱藏在綠蔭之中，透出深沉又亮麗的朱紅來，一泓清水恰好在美景環繞之中安靜地倒映著藍天白雲。林間清脆的鳥鳴乘著清風迴蕩，草木清幽的香氣被草叢中的小動物們銜著，灑得到處都是。

　　風雅的皇帝詩意大發，心中想起了晉朝詩人謝混的詩：「寒裳順蘭止，水木湛清華。」於是，他捲袖揮毫，寫下了「水木清華」。

　　多少年過去了，康乾盛世已經逝去，大清帝國在妄自尊大中已經不可避免地衰落下去。圓明園的春色還是如許，水木清華依然引人入勝。

　　道光皇帝把工字廳的西面賜給了後來成為咸豐皇帝的四皇子，並賜名叫「近春園」，又把工字廳賜給了五皇子惇親王。

　　距乾隆爺題字正好九十九年的時候，咸豐皇帝把工字廳改了名，叫做「清華園」。

　　帝國已經日薄西山，無論圓明園裡是如何繁華富庶的景象，不管清華園裡又是如何平靜祥和的安寧，災難已經逼近，剎那之間就要降臨。

　　英法聯軍渡海而來，踏上了中華帝國古老的國土，用中國人前所未見的行為方式顯示出弱肉強食的公理。

　　金髮碧眼、以文明人自居的盎格魯撒克遜人和法蘭西人，衝進了北京城。侵略者的淫威也施及京城郊區的圓明園。不過，中國人在這個時候並不是完全清楚這場戰爭的侵略性質。海淀的農民居然發現這是一個趁火打劫的好機會，成群結隊地先於外國人

衝入圓明園中搶金銀財寶去了。

圓明園是皇家園林中一顆最為璀璨的寶石，有東方凡爾賽的稱號，其實凡爾賽宮與之相比實際上要遜色得多。

「毀掉它！」額爾金下令了。

這道野蠻的命令讓中華大地留下了一道恥辱的傷疤和一段慘痛的記憶，讓美好化作灰燼，讓文明在蠻橫面前哭泣……。

大火燒了很久才熄滅，整個北京城上空黑雲蔽日，圓明園面目全非，一片殘破。

然而，大火卻正好在接近清華園的時候滅了，它西邊的近春園卻未能逃過劫難。也許是任何災難都不可能完全毀滅人們的希

臨水而建的臺階和小亭子都是清華校友的貢獻，雖不是特別的美麗，但在垂柳之下、波光之上，也是別有情調的。

遠遠就能看到晗亭坐落在水的中央，它的曲折精緻，頗有些江南的情調。

望，清華園躲過一劫，是否預示著振興中華的人才會歷史性地大都聚集於此呢？

近春園遺址和清華園就構成了日後清華學堂校址的主要所在。

這裡有一池的綠水，盈盈的包繞著一個小島■。環湖的路很窄，沒有水泥的修築，也沒有青石的鑲拼，完全是一條草叢中年

■皇家園林康熙行宮御園的熙春園是清華園的前身，占地二頃六十一畝，始建於清朝中葉康熙年間，與北京西郊的圓明園等五個苑園號稱「圓明五園」。道光年間，熙春園分為東、西兩部分，東部仍叫熙春園，賜予五子奕誴，西部叫近春園，賜予四子奕詝（咸豐），俗稱「四爺園」；咸豐即位，將熙春園改為清華園並親題「清華園」匾額。1860年英法聯軍焚燒圓明園，兵火殃及近春園，園內七、八幢齋堂軒榭逐漸敗破荒蕪，被稱為「荒島」。

從岸邊看過去，高高的樹林之中，翼然一亭，很是顯眼，上面還有登臨的人呢。

深日久踩出來的路，很有幾分野趣。在清華大學這樣一個人定勝天的環境裡，如此自然天成真的不易多見，所以更加讓人珍惜了。

　　一邊走著，一邊向湖裡望去，湖中小島上臨水而建一排亭榭。飛簷攢角、雕樑畫棟，又是迴廊、又是亭子，實在是吟詩作畫的絕佳地點，也許只需依欄而望，便會讓人心情古典、發思古幽情了。所以一定要想辦法上去，也做他一回風雅文人。

　　尋路上島，卻一時不得，無奈之下，只好照舊前行，相信縱然沒有柳暗花明，想必也有大好景致等著我呢！因為我已經看到前面的一座小山上，那樹木掩映之下露出來的高亭一角了，在藍天的背景下，尤為引人遐想：那又是一處什麼古蹟呢？那上面又曾經有什麼流傳甚廣的詩篇呢？那又是在紀念什麼沉重的史實或

要想上亭子一看，還需要爬這麼高的臺階。等到付出了這麼多，看著那山上的亭子自然也就覺得非同凡響了。

是傳說中的英雄呢？

於是不由自主地要向它走去。看見了，高高的臺階穿過幽深的密林，直伸向小山的頂上。翼然一亭出現在眼前，長長的臺階讓它顯得有些高不可攀。可我還是要攀的。

這不是一座古亭，又是對母校多情的清華學子的捐贈和設計。它叫做「零零閣」。啊，這個名字又有什麼別樣的文章呢？是取亢龍有悔的清華常有孤零零立於高山之巔的意思嗎？不不，別把清華人想得妄自尊大而帶著文人詩人氣質。清華和她的人們都是不喜歡玩花樣文章的，他們

上圖：零零閣中央有一道螺旋形的樓梯一直通到頂層，有點像基因鏈的結構圖。

左圖：零零閣地勢高峻，在這裡可以四處遠眺，把清華校園的二分之一收入眼底是沒有問題的。

總是用最簡單的方式表現出最美的東西。「Simple is beauty!」（簡單就是美）零零閣稱謂之美，正是因為它來得這樣自然而不矯情。事情是這樣的：1965年9月，有一千六百二十人進入了清華大學念書，正是在這一年，清華的學制由六年改為了五年，因此他們就和1964年的學長一道在1970年畢業。1964年入學的學長們是用零字編的班，他們也就只能用「零零」為特稱了。1995年的時候，為了恭賀母校校慶，這一屆的學子會聚於清華園，老友舊園故地重遊，「撫今追昔，暢抒襟懷」，說定了要修一座紀念亭為母

校憑添美景，於是也就以「零零」為之命名了。在亭下的紀念碑文中，他們寫道：「零零閣階通四面，柱立八方，重簷攢尖圓頂象徵我零零氣概之昂揚。憑欄可近觀荷塘月色，登臨可遠聆聞亭晨鐘。憶二校門之滄桑，話清華園之巨變，華閣雋拔，人文日新……。」

果然這是一座可以登臨遠眺的亭子。亭子中央是一道螺旋狀的樓梯，設計得頗為別致，讓人想起了基因的結構圖。亭子的欄杆上，一對小情人正襟危坐地看著我，也許是覺得我仰視俯看著這樓梯是一件很奇怪的事情，也許是他們也突然之間覺察到了這設計中崇拜科學的成分。

我在他們兩人的注視下上了樓梯，「螺旋地上升」到了頂層，迫不及待地想要「近觀荷塘」、「遠聆晨鐘」。可是時候已經不早，晨鐘就是一如當年那樣鳴響，也是錯過了；時節卻又不到，雖在林木遮掩之下還可見到碧水悠悠，荷葉卻還是剛出水來。但是環顧四方，滿眼綠意裡面點綴著白色的橋、紅色的房、青色的瓦，盡收眼底，讓人不由得心曠神怡。

剛想下樓，卻無意之間發現，在這高閣之上，竟然曾經來過清華的癡情人兒。在好幾個柱頭上面，都寫著或刻著一名男子對一名女子愛情的忠貞表白。是盼著這可以長存的亭子記住他們更加長存的感情，還是想要讓那硬心腸的女

用螢光筆寫在樓閣頂層柱子上的誓言，帶著些無奈和鬱悶，真是讓人同情。

孩在偶然登臨中發現他的誠赤之心，不得不感動起來、不得不主
動來要求和他一起過上如童話般的生活？

　　別人的故事只能猜測，又得不到證實，所以還是罷了，找我
上島的路徑去吧。

　　湖邊的路好生曲折，湖中新生的蓮葉在陽光下粉綠粉綠的，
很是招人喜歡。湖岸上的人倒是不少，但學生卻沒有幾個，大都
是那性情平和的老人，悠閒地坐在岸邊的石頭上垂釣。我正懷疑
著這樣的水池裡會有什麼魚可釣，老人揚起魚竿來，臉上露出孩
子般的笑，又興奮、又幸福。我順著長長的魚竿一看，不過是一
條小魚崽兒。剛想笑的時候，卻被老人臉上的喜悅神色給感動
了，這就是滿足，長時間的等待終於有了一聲回應，哪怕它並非
是美妙的歌聲，也足以讓人為之振奮了。老人好像知道了我的領

會，朝我微笑了一下，就像是老師在課堂上聽到了一個滿意的回答一樣。

　　他轉過臉去繼續垂釣，我也該走我的路了。

　　島上的亭臺樓閣又如此清晰近切地可以望見了，我的心越發急切起來。正要加快步子，卻發現亂石堆砌的岸上有寫生的畫夾

和顏料，紙上畫的正是島上的光景，那畫畫的人卻不知去向了。我本想上去添上兩筆，可最後還是罷了，畫畫這種東西是容不得外人插手的。

上圖：湖畔乾淨、簡潔、典雅的房子，原來只是園林管理處的辦公室，還以為是風雅的茶室什麼的。

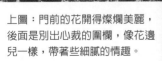

上圖：門前的花開得燦爛美麗，後面是別出心裁的圍欄，像花邊兒一樣，帶著些細膩的情趣。

右圖：屋前放著廢棄的遊船，難道說這狹窄又迂迴的湖面曾經是可以泛舟的嗎？

在屋子的後面，雜草的深處，是這棵身穿「金甲聖衣」、頭頂「五彩祥雲」的大英雄。

一排古香古色的房子出現在我的眼前。這是什麼地方呢？該不會又是那曾經滄桑的某處遺址吧？不，不是的。它不過是清華的園林處而已。這並不特別，好像也不值得一看。可是，有趣的東西在它的後面呢！聽說過穿盔甲的樹嗎？很奇怪吧。那棵有名的樹就在這裡，只不過另外一些人說它是長了魚鱗。

　　繞過開滿鮮花的房子，我去尋找那棵樹。熱情蔓延的野草把路全埋了起來，擠得我幾乎站立不穩。可是它們阻擋不了我好奇的腳步。

　　我看到了，那棵特別的樹。從它茂密的樹葉中透過的陽光，讓我仰望它時眼睛有點疼。正好，我就集中精神看它的樹幹吧。

真是呀，樹彷彿穿了嚴整密實的一層鎧甲，幾乎是從頭到腳地把自己保護起來了。我看不出來那長在它身上的蔓藤究竟是從何處生的根。其實，為什麼想要去看出來呢？樹和藤若不是本為一體，又怎能這樣完美地支撐著和纏繞著呢？

　　終於看到了橋，看到橋就意味著我馬上可以進入島上了。這

上圖：長在水中的水草，帶著渾身流動的潮濕，後面是粼粼的波光，它們卻長在樹蔭的下面，像剪影一般地隨風輕搖著。

左圖：我所見過的清華最別致的橋——蓮橋，是1974到1980屆的畢業生為母校建起來的，就像孩子們都要為母親的大壽送賀禮一樣，清華年年校慶都會收到頗為別致的壽禮。

尚未綻放的荷花石雕，構成了蓮橋一側的護欄，在波光當中，除了顏色不夠逼真之外，
倒還真有含苞待放的意思。

座名為「蓮」的橋別致得很，因為它的一邊是欄杆，而另一邊卻
只是立了四枝含苞待放的蓮花，下面接著幾級階梯直伸入到水
裡。走在上面，有一種很奇怪的感覺，根本感覺不到這是在橋上
走。因為一邊沒有圍欄卻又不讓人驚心動魄的橋，給人的是開闊
和舒坦，如履平地一般。

　　過了橋，就是島了。

　　這島從前並不吸引人，因為它不過是一座荒島，即使是在近
來修葺一新，又添了很多可遊、可看的東西之後，清華的人還是
叫它「荒島」，因為這都成了一個地名了。

　　這裡原來正是皇家園林「近春園」的所在。圓明園的一場大

火把它燒成廢墟之後，再也沒有人重新收拾，就一直荒蕪下去，直到近年來才又修成了一個漂亮有趣的島。

島上臨水有一臺，名為觀荷臺，幾張石凳、石桌像是漂在水面上一般。我往一把凳子上一坐，四面看看，果然別有小景雅趣。想到有一年的夏天晚上，和幾個清華的朋友在這裡相聚，當時還不曾有這考究的「觀荷臺」。那時荷葉正是最茂盛的時候，陣陣清香隨風而來，讓人神清氣爽。荷花也開

荒島上立著一塊清華學子為母校歌功頌德的碑，自豪和懷念之情如此昭昭。

原來荒島真是很荒，上面除了些當年屈辱歷史的「見證」之外，沒有什麼可看的。現在學校花了大力氣，把這裡開發修建成校園中的遊覽勝地和休閒娛樂的去處。

觀荷臺的後面是假山,三面環水,是一處遺世獨立的好地方,往邊上一坐,那種窮酸文人的情懷一下子就上來了。

右頁:荒島上的假山做成的石林,還真有點巍峨呢。它的前面是一個裝了噴泉的大水池。

放置在荒島中央的這個叫不出名字來的東西，中間的石頭上刻著近春園的簡介，但文字
模糊難辨。

得正是熱鬧，雖然是月夜，卻也擋不住她們的亭亭身姿。月亮的倒影正好投在了荷葉的空檔處，靜靜的水面竟讓那水中的月和天上的月一模一樣。我們安靜了下來，默默地看著、聞著、想著……。這時候，一陣風吹過來，荷葉如潮而動，我們聽到了那大自然的歌聲，縹緲、空靈又悠長。突然之間，我們之間的沉默被打破了，兩個學俄語的朋友低聲唱起了《莫斯科郊外的晚上》，低沉的男中音讓這樣的夜顯得無限厚重和深沉。待到他們唱完之後，一名清華才女（同時也肯定是位美女了。得解釋一下，因為現在的才女會被莫名其妙地想像成恐龍）遺憾地說，這歌不貼切，如

在荒島上享受春光的人都是老人，清華學生大概認為這樣幽靜而平和的環境正是安享天年的地方，而不是年富力強的人應該經常出沒之處。

荒島實在是不小，在它的一角，是一座亭子，掩映在樹木之間。

果她的古箏在身邊，奏上一曲《出水蓮》才是絕配呢。於是我們就以嘴代琴，輕輕哼起了《出水蓮》的調子。

那是一個多麼美好的夜晚啊。

觀荷臺上來就是一排石山，上面掛了好些「勿上山」的牌子，但山上還是有人影。當然，那肯定不會是守紀律的清華學生，只是一群頑童而已。來這島上玩的人主要就是孩子和老人，學生很少，除了幾對有幸能有機會和時間享受愛情的清華男女之外，就是為尋清靜而上島來看書的苦行僧。又犯了錯誤，對清華男生，這「僧」字可不能亂用，因為會恰好戳到他們的痛處。清華的女生比例太小，讓嚮往愛情的清華帥哥們沒處展示他們除了聰明才智之外的溫柔體貼、為愛癡狂的另一面，所以抱怨清華是

亭子中的匾額是朱自清先生的手筆。

和尚學校。內心本就鬱悶，哪裡還經得起別人有意無意地中傷呢？

島上有漂亮的草坪、迂迴的小路，如此的開闊，叫它是小島真不確切，這一片空地足夠做個廣場了。在邊上散落著一些斷裂的石頭，不用說，那正是當年近春園慘遭荼毒後留下來的苦難見證，讓人遙想這裡曾經的歌舞昇平和後來的狼煙滾滾，歷史就是在這樣的緬懷當中對後世產生作用的。

小山上的亭子也是這樣的古舊，它滄桑的模樣卻正是引我去向它問候和攀談的原因。我順著有一個漂亮轉彎的山路走了上去，又走了一段崎嶇的小徑，才來到它的跟前。它並沒有特意起好的名字，柱上的朱漆已經有些剝落，樑上的彩繪也不再鮮豔，然而它的確是美的。這是一種只能用心靈去欣賞的美。在亭子裡

面，懸著一塊由朱自清先生親筆題寫的「荷塘月色」幾個字，筆力的渾厚，恰似這亭子承載的歷史。

下了山，我看到了吳晗先生的雕像[2]。

歷史不怕一個年代的錯誤，因為歷史就是時間的流逝，一切都會過去，而任何事件終將由於漸漸變得久遠而讓荒唐成為趣聞、讓血腥成為熱鬧、讓號哭成為史詩。然而一人一物，卻最怕一個年代的錯誤。在一切顛倒的日子裡，個人變得如此無助和渺小，在發瘋的逆流面前無處藏身、在咆哮的逆流面前無力吶喊，自己的命運就此錯亂，即使一切又正常平靜下來，歷史的傷痕可以用時間醫治痊癒，個人卻沒有這麼

吳晗先生像

[2] 吳晗（1909～1969），原名春晗，字辰伯，義烏人。1931年夏，考入清華大學歷史系專攻明史。1934年夏畢業後留校任教。1949年1月北平解放後，任清華大學歷史系主任兼校務委員會主任委員，隨後任文學院院長。曾任北京市副市長、中國史學會理事等職。1965年，在江青、張春橋等人策劃下，上海《文匯報》發表姚文元《評新編歷史劇〈海瑞罷官〉》一文，對吳晗進行「批判」，吳晗遂於1969年10月11日含恨去世。吳晗生平從事中國古代史研究，對明史研究尤有成就，著有《朱元璋傳》、《投槍集》、《學習集》、《春天集》、《燈下集》、《吳晗文集》、《吳晗雜文選》、《海瑞罷官》、《海瑞的故事》、《讀史札記》等。

晗 亭就在荒島的邊上，從山石之中望過去，它自有另一番妙處。

長的時間來供其遺忘往事。在錯亂的年代裡死去的人們含恨而
去，但也是一種解脫，而活下來的人們，卻終身帶著過去的記
憶，夢裡不得安寧。

　　清華大學的夢裡會有文革的紅色恐怖嗎？有的，但是一定很
淡很淡了。清華園裡當年同樣有大鳴大放，同樣有批鬥迫害，同
樣有無辜冤魂，但是清華大學是這樣的重要，雲開日出之時，多
少人共同來爲她撫平當年的傷口，來爲她規劃合理的未來。

　　但是於個人，情況就大不相同了。

　　吳 晗在那個年代含冤死去，這樣一座雕像，也許就是夢裡的
清華園流下的眼淚吧。

　　清華是有歷史感的，她永遠珍惜自己的歷史，無論是輝煌、
是恥辱，還是讓她痛心疾首和痛定思痛的過往，她都一一記在心

中。所以，她紀念吳晗，不但立了一座像，而且，把那最引人注目的一組亭臺樓閣命名爲「晗亭」，也是這樣的意義。

3 不凡年代裡的不平常生命

而您，該是最傑出的了……

從近春園西行不遠，就可以來到工字廳。

這王侯府第的院落正是清華大學的搖籃。門前的一對石獅子已經不是當年的那一對了，歲月的滄桑已經讓原來守衛在這裡的石獅湮沒於烈烈風塵之中了，新到任的它們或許沒有親眼目睹過昔日的人世變換，卻也在默默講述當年的故事。

圓明園的煙塵還未散盡，多事之秋的時節裡，遠處又響起新的戰鼓，陰霾的天空又閃出了血光。惇親王的兩個兒子在工字廳裡罵著黃髮高鼻的洋鬼子，這口頭的義憤終於變成了實際的行動。一夜之間，他們讓義和團住進了清華園，讓他們在這裡設壇舉事。義和團喊叫著他們的咒語，拋灑著他們的熱血，用生命做代價，要把這口惡氣給出掉；但是最終，震天的喊聲化成了無言的悲戚，勇猛的廝殺也成為了悲劇的史詩。清廷在洋人面前跪下了雙膝，但卻對著它偉大卻又可憐的人民大發雷霆。惇親王的兩個兒子也遭到懲辦，一個被撤職查辦，一個被判為重罪發配新疆。道光帝賜給惇親王的清華園被慈禧沒收了，長時間都沒有人再住進去，於是當年的王侯

府第成了荒園。

「庚子之亂」後，八國的侵略者要中國按照人口，以每人一兩白銀爲單位，索要了四億五千萬兩白銀的賠款，連同利息一共高達九億八千多萬兩。

洋務運動之後，在容閎的大力推動、洋務派的鼎力支持下，中國原本是送了好幾批兒童到美國留學的，但是在十幾年後，清政府就下令全部的中國留學生中斷學業回國來，中國近代第一次留學事業的嘗試就這樣失敗了。

然而，留學的事業卻不會從此夭折。

清華大學便是和中國近代的留學事業緊密聯繫在一起的。

十九世紀末、二十世紀初的時候，中國人向日本學習的風潮興起，很多中國的有識之士紛紛東渡扶桑，尋求救國、救民之道。美國一些有遠見的政客們看到，中國留學生的這一趨勢將對未來美國在中國的地位沒有好處。他們希望更多中國青年接受美國的價值觀、社會形式和生活方式，能夠對美國人產生更親切的感情。

在1907年的時候，美國總統希歐多爾・羅斯福（Theodore Roosevelt）正式宣布：「我國宜實力援助中國例行教育，使此繁眾之國能漸漸融合於近世之文化。援助之

主動交涉退還庚款用於教育的駐美公使梁誠（1864～1917）。

1914年時之1921級幼年生，入學才一年，中有：何浩若、羅隆基、潘光旦、薩本棟、時昭涵、聞一多、姚崧齡。

法，宜將庚子賠款退贈一半，俾中國政府得遣學生來美留學，使修業成器，蔚成有用之材。」

清廷還能說什麼呢？自然只有表示歡迎，然後制訂好了向美國派送中國留學生的計畫，設立了專門的機構「遊美學務處」，建立了留美預備學校「肄業館」。1911年遊美學務處和肄業館從北京的史家胡同遷進了清華園，肄業館正式改名為「清華學堂」，遊美學務處進駐工字廳。1911年的4月29日，清華園正式開學。這一天於是成為清華大學傳統的校慶日。

今天讓中國人為之驕傲、讓無數中國學生嚮往景仰的清華大學，就是這樣作為國恥家仇的結果出現在歷史上的，並不是在輝煌中誕生，而是滿懷屈辱和無奈向我們走來……。

1914年時之1920級，中有：趙學海、邱椿、劉師舜、薩本鐵。

　　清華學堂作爲留美預備學校，所擔當的使命就是在國內選拔和訓練學生到美國學習。因爲有美國人的參與，再加上中國原本就有全國考試的傳統，清華學堂成爲當時中國唯一具有現在「高考」形式的選拔制度，在全國範圍內招生，進行統一考試的學校。

　　早春時節，北京的宣武門內學部裡，全國各地的考生們頂著料峭春寒，站在廣場上。遊美學務處督辦周自齊先生，操著他的山東口音唱著考生的姓名。被點到名的考生，或胸有成竹、或忐忑不安地喊著「到」，進入考場，爲成爲第一批清華學堂的學生而緊張激烈卻又悄無聲息地競爭著。

　　考試可算是科目多到家了，有英文文學和作文、國文、歷史、地理、世界地理、大代數、平面幾何、三角、歐洲上古史、法文或德文、拉丁文、初級化學、初級物理、生物學。考生必須通過所有的科目，才能被錄取。以現在看來，這簡直不可思議，就像是無情

的狂轟濫炸。能通過的人實在是不簡單哪！

　　按說，來清華的校友應該從這一批人開始算起。他們中有不少後來名滿天下的著名學人，比如說化工專家侯德榜、著名哲學家金岳霖和物理學家葉企孫等等。可是清華的人習慣上卻把遊美學務處遷到清華園之前送出國去的留學生也算作校友，比如說錢學森、馬寅初等等。這也難怪，遊美學務處和清華的關係怎麼理才能斷個涇渭分明呢？

　　但是，那個時候，其實清華學堂在嚴格意義上還不是一所大學。她招收的是一些年紀尚幼的孩子，學校的規模控制在學生五百名左右，學制為八年，中等科四年、高等科四年，反倒有點像現在的中學學制。但是高等科畢業的時候，學生應該達到的是美國大學二年級的水準，而且高等科教學的安排，也是參照美國大學的方式。所以，這個時候的清華學堂大概可以算一所學制奇長的大學預科學校吧。

　　辛亥革命究竟對中國歷史有多大的意義，史學家們仍在探討，並且還將爭論下去。然而它對清華大學歷史的影響卻微乎其微，僅僅表現在學校暫時關了幾個月的門，以及學校的名字改了一改。前者是因為戰爭把書生給嚇跑了，清華學堂中的留洋預備生們保命要緊，紛紛逃回了家；學校空了起來，勇敢的老師只有對著勇敢的空屋子講課；再加上清廷也被逼急了，顧不得許多，把美國當年退的「庚款」用來做了軍費，好多殺幾個革命軍，所以清華學堂只好關起門來了。可沒過多久，事情就過去了，學堂又按照它從前的方式繼續運行。後者則是為了表示革命乃破舊立新，儘管有些無奈，但改個名字也是這種理想的體現吧，於是就把「清華學堂」改成了「清

華學校」，把「監督」改作了「校長」。

　　站在工字廳外，聽著這對石獅子講述著清華早期的歷史，腦海中是古舊滄桑的工字廳。但是再抬眼時，看到的卻是在原來的舊址上修葺一新的院落，幾個清華的老師正帶著一對外國的來訪學者在門前合

工字廳現在是校長辦公室等重要辦公機構的所在地，嚴格限制參觀時間，上班時間以外可以對外開放。

影留念，並用英文自豪地為外國朋友們介紹著工字廳的歷史，讓謙遜的客人半是出於真心、半是出於禮貌地連連表示欽羨，發出驚歎之聲。

　　直到他們走開了，工字廳前安靜下來的時候，我才走近它。我喜歡這樣，在靜謐之中去拜訪古蹟。

　　走到厚重的朱門之前，新刷的紅漆閃著油亮的光，顏色鮮豔奪目。往昔的痕跡已經全被遮蓋了起來，除了這古式的建築樣式之外。我有點失望，因為沒有找到當年留下來的任何一絲真跡。

工字廳上的匾額。

　　但當我抬起頭來的時候，我頭上方懸掛的一塊匾終於使我滿意了。匾上面的「清華園」三個大字，正是當年咸豐皇帝的手跡。

工字廳裡的迴廊，把主要的房子全連了起來。這樣有一大好處，在裡面雨天不用打傘，晴天不用戴遮陽帽。

　　據說工字廳的大小房間到底有多少，沒有人能說出準確的數字來。這讓我有些不相信。因為工字廳並不大，原本只是用一條遊廊把兩排房子連了起來，像是個「工」字的樣子，所以得了這樣一個名字。所以，房間怎麼會數不清呢？

　　我躊躇滿志地進去，想要把房間給數清楚。

　　然而剛進去，我就忘了自己要做的事情。因為那連著房子的精美遊廊是如此的奪目，讓我不由得順著它曲曲折折地走著，看著外面陽光下綠得閃光的草地和巨大的太湖石，哪裡還會有心思去做那無趣的數房間之事？

　　讓遊廊帶著我走吧，不管最後能到什麼地方。因為這樣走著，感覺實在太好，彷彿是沿著一條幽深的道路在向曾經的過往走去。

　　然而我沒有能夠走回到那些久遠的年代裡去，卻在工字廳的後一排房子前停了下來。整齊的草地後面是雕樑畫棟的屋子，房子上卻高高懸掛著毛澤東寫下的「為人民服務」匾額，就像在政府機關

工字廳裡的一排房子，中間高懸著「為人民服務」的牌子。

門前或軍管區的大樓上那樣。

　　我正想起來數房間的事情，卻被工作人員告之開放參觀的時間已經過了，意思是要下逐客令了。我這才注意到，這裡已經是學校主要高層辦公的地方了。

　　原來如此，我算知道工字廳的房間為什麼沒有準確數了。也許是一直沒有人有機會來好好地數吧。

　　工字廳的旁邊就是古月堂。

　　與工字廳相比，古月堂顯得小巧玲瓏，而且也平和嫵媚很多。小門前立著一對憨態可掬的石獅子，面帶凶相，看上去卻像是嬰兒在發脾氣。

　　古月堂原來被清華男生稱作「狐堂」。為什麼叫這個名字呢？說來也有意思。按中國的拆字遊戲，古月加在一起，便是一個「胡」字，和狐狸的「狐」字諧音。當時的古月堂是清華女生的閨房，男生們總能夠感到她們難以抗拒的魅力，所以把古月堂稱為「狐堂」了。

　　清華本來是沒有女生的，那時候才是貨真價實的和尚學校。不過，起初男生們也並不因此鬱悶，因為痛苦總是在對比中產生，當時男女都是在專門的學校裡分開念書的，北大招收女生也是後來的事情。在1928年清華學校正式改為大學的時候，清華就開始招收女生了。女孩子們一進學校，就住進了古月堂，一直住到1933年。

　　那時候也和現在一樣，女生宿舍不讓男生隨便進入。這個規定一直是不得人心的，不管是過去還是現在。曾經有一個朋友為一個競選學生會主席的人擔任智囊，想出來的妙計就是在施政綱領中強調要摘除女生宿舍前的「男賓止步」牌子。可惜的是，競選者沒有

小巧玲瓏的古月堂曾經是清華女生的閨房，這對石獅子不知道暗自嘲笑過多少在這裡程門立雪，等待伊人接見的清華才子。

左圖：古月堂已經很老了，匾額上的漆有些剝落，當年清華女孩們的歡聲笑語已經遙遠了，繚繞在這屋宇之上的是故事中的淡淡憂傷。

下圖：古月堂裡依然鮮花盛開、樹木繁茂，倒讓人有點年年歲歲花相似，歲歲年年人不同的哀輓。

勇氣做這樣激動人心、震撼寰宇的承諾，最後的競選結果也自然好不到哪裡去了。

古月堂的管理是非常嚴格的，除非男扮女裝，清華的小伙子們只有望門興歎。但是，人爲的阻隔卻使得他們對這「狐堂」充滿了好奇和嚮往，來來往往之時，總要一邊假裝君子，一邊又學小人偷窺，對裡面的半把椅角、一聲輕響都饒有興致。

好在學校也並非完全不人道，每一年的校慶日，古月堂可以對男生開放，供他們盡情參觀。這一天對於男生來說實在是太寶貴了，所以期盼校慶之心很是急切。

校慶的時候，又正是春光明媚、花紅草綠之時。一大早，男生便醒轉過來，頭腦裡第一個念頭就是向「狐堂」奔去。但是，這幫壞小子卻不是那只想在女孩子面前賣斯文、討歡心的傢伙，他們早已經準備好了如何大鬧女生的閨房。

一大群、一大群的清華男生們蜂擁而至，讓平時安靜嫻雅的古月堂紛亂喧鬧起來。女生們閃在一旁，彷彿鬼子進村時的無辜平民，驚懼卻又無能爲力地看著呼嘯而來、四處亂竄的入侵者們。男生可倒好，一點憐香惜玉的情懷都沒有，平時的君子風範全都不知道扔到了什麼地方，在這重要的日子裡，男生們都不再是「好逑」的君子，反倒成了頑劣淘氣的野孩子了。一大群男生居然手拿著「二踢腳」放起鞭炮來，巨響不斷，把呆站著的淑女們嚇得面色如土，連逃竄都忘了。男生卻不會上前撫慰，反而轉身湧進了她們的閨房，如山賊打劫一般，把看上眼的東西席捲而去。女生們無力反抗，又無處申冤，只得和男生們進行和顏悅色的交涉，用雞蛋去把東西給贖回來。

這樣的門前要是斜倚著一位五四時期裝扮的女子，抬頭看著院子上面的天空，那肯定是很有感覺的畫面。

當年的清華男生就是這樣的「紳士」。這股淘氣勁和他們接受的美式教育不無關係。

然而，真有愛人住在此處的男士們就不敢這樣的放肆了，一要顧忌女友的情緒，二則對這「狐堂」也有些感恩戴德，所以不甚胡鬧。

年輕人的浪漫好像在什麼年代都有異曲同工之妙。那個時候也和現在的大學裡一樣，每到十點多，自習室、圖書館關了門，男生們就帶著自己的女朋友吹著夜風，在月色之下循小徑幽幽散步緩行，低聲絮語與草間小蟲呢喃之聲難以分辨。然而只恨話長路短，不覺已到了「狐堂」門前，兩人難分難捨地佇立片刻，女孩便幽幽轉身而去，男孩戀戀不捨地追尋著那已經消失的背影，又是呆立一陣，方才離去。

走進古月堂，似乎還能看到當年充滿活力的淘氣男生，聽到男孩們放肆的大笑和淑女們的尖叫，但是已經如此的隱約縹緲，只能是從遙遠的時代傳過來了。

古月堂是一座傳統建構的四合院，看那小巧的樣子，想必在當年也住不了多少女孩子。庭院當中，樹木高大，樹冠像龐大的華蓋一般，把陽光擋在外面，使園內那麼幽靜恬雅。讓女孩住在這裡，

不愁養不成淑女的。

樹下面，兩叢鮮花開得含蓄典雅。從樹葉縫隙之間透射下來的斑駁陽光，灑在花瓣上，讓那花有一種略施粉黛的嬌媚。當年的清華女生們，是否也這樣坐在樹蔭之中，看著蔚藍的天空，想著她們夢裡的故事，臉上帶著嚮往而幸福的粉色？

幾道垂花門排成一排，望過去，覺得這裡是那麼的幽深，帶著一點點神秘的氣息。青灰中泛紅的顏色，顯出老去的情懷在默默回想著昔日的瘋狂和浪漫。

從工字廳出來，南行不遠處就是靜齋了。如今的靜齋已經不引人注意了，不過是一所舊房子而已，樣子簡單平常，呈L形，並不能夠讓人為之回首。

工字廳古月堂前的大片草坪，上面可以坐臥行走，還有樹蔭可以遮陽，實在是個好地方。

　　可是當年的靜齋，卻是個香火甚旺的地方。

　　1933年的時候，清華女生們從古月堂搬進了新蓋好的宿舍——靜齋。從這時候開始，古月堂的人氣驟然下降，靜齋成為男生們嚮往和朝拜的地方了。

　　可是儘管房子變了，管理卻還是原來那樣。男生仍然不能隨便進入拜訪，這個真是苦煞清華的翩翩少年了。

　　那時候直到現在，清華的女生都是被人寵著的。若是理科成績好的女生那可是一定要進清華，男女懸殊之下，女生都被當成公主一般地優待，不像在北大，男生對你愛搭不理的。良禽擇木而棲，可一定要想辦法往蜜罐子裡跳才是。

　　靜齋女生宿舍建造的時候，就是把女孩子們奉為公主而設計的。在裡面有一間三十來平方公尺長方形會客室，就是專門在「番邦」來朝時，公主們接見他們的處所。話說那會客廳的裝飾很是考究，典雅的紫色皮面大沙發環著整個客廳，東面的玻璃窗打開時寬敞明亮，可為了讓室內顯得雅致，窗戶上卻都蒙了白色的紗，讓光線進來後，帶著些夢幻的朦朧。窗戶兩邊垂著絳紫色的厚重窗簾，地板上也是鋪著圖案優美的地毯。不過，當時對會客的時間做了嚴

工字廳附近的一個紀念園子，中間的石碑上驕傲地寫著「清芳挺秀，華夏增輝」，前兩個字就是「清華」。

一條開滿鮮花的大道。清華也許就是這樣的道路,在這裡苦是苦點,前途是有保障的,所以稱為「玫瑰大道」也不為過。

格的規定,只有在中午和晚自習後、熄燈以前,可以到此拜訪。時間倉促,往往聊到興頭上和緊要處就要被驅逐,總也言不盡意。週末的時候,時間可以長一些,但也沒有足夠的時間來表情達意。

正如前面所說,唯有校慶這一天,古月堂才對男生開放。在當年,清華學子對這一天有這樣的回憶:

「記得1934年校慶的那天,上午九時,靜齋的主人們都在迎候來賓,站在各自的臥室門前。最初來賓不多,他們順序登樓來參觀各臥室。不料後來人越來越多,幾乎是蜂擁而上,難以招架。來賓中除本校男同學外,不少是鄰校燕京大學或不相識的朋友,還有同學們的親屬,以及當年來校演出的話劇演員白楊和京劇票友俞珊女士。還有,意想不到來了兩家報社的記者。那一天,我們各臥室除了打掃得格外乾淨整潔外,案頭還多插上迎春、丁香和榆葉梅之類

的鮮花。有的在書架和牆角的小木架上方,擺幾尊古文學和哲學名人的石膏像,別無長物。惟獨牆上掛的或床前櫃上擺的屋主人或其友人的相片,最引參觀者囑目,一轉眼便成為男生們的『獵取物』了。『失竊者』也無可奈何。不過,有的戲謔者不出一個星期,便把原件『完璧歸趙』,並附有道歉信。」

這樣的情景很有意思,也相當真實。男生總是對不向他們開放的女生宿舍抱有強烈的好奇心。記得一次期末,因為男生宿舍要裝修,老師讓他們把貴重一點的東西寄放到女生宿舍裡去。於是男孩子們得到一個冠冕的理由參觀女生宿舍。他們本來可以一次搬來的東西卻非要分成七、八次搬,每一次還能累得要在我們女生宿舍裡休息半晌才能恢復體力。

時代在變,但是人們的可愛卻代代如是。

現在的靜齋已經不再是女生的住處了,所以它在周圍的綠蔭環抱之下,顯得有些落寞和冷清。我的視線很快從它這裡滑了過去。在它東面的一個園子倒是更吸引人。

這是一片可愛的草地,平坦而又蔥蘢。草地上有疏密得當的大樹、小樹,投下來的樹蔭讓綠地富於變化。一條小溪被堤岸規範起來,靜靜地在這片園子中穿行,上面架起的一兩座小橋,在陽光的金黃和草地的翠綠中顯得尤其可愛。溪岸整整齊齊地各種著一排樹,守規矩得像訓練有素的士兵。清華本來就以他們的紀律嚴格而著名,連這水邊的林木也不敢造次。

園子裡的人,或是席地而坐,或是三三兩兩慢悠悠地走著,或是一動不動地站在那裡凝望著什麼。不時傳過來一陣笑聲,卻打不破此處的寧靜。

4 瀰漫古希臘羅馬精神的上空

清華，多麼美麗而偉大的中西合璧……

走過綠茵，再西行數步，便可以看到一座西式的兩層樓房。棕色是清華建築裡的主色調，典雅古樸。小樓上拱門樣式的大窗戶、雕花的白色欄杆和深褐色的門楣，都讓人感到一種異國情調。

這裡是清華的第一教學樓，與人們觀念中一般的教學樓是不是很不一樣？

樹蔭中帶著些濕意的第一教學樓，完全是西洋小樓的模樣，哪裡看得出來居然是二十一世紀中國大學裡的建築。

　　從第一教學樓穿過去，就來到清華又一處讓人懷舊憑弔的地方了。

　　中央是一塊很大的草坪，莊嚴氣派。草坪周圍以及北邊的一段地域，原本不是清華學堂的主體，當年的留美預備學校主要只是在工字廳周圍的一小片地方。

周詒春校長（1914年）

　　1913年是清華值得紀念的一年，因為這一年，周詒春■繼唐國安之後擔任校長。

　　周詒春是中國早期的留學生，從美國留學歸來後，幾經輾轉，到清華學校任職。潘光旦回憶說，周詒春是「最有見識、能力與銳氣的人」，說他為清華「勤勤懇懇，擴充校務；……增損修革，慘澹經營；……心力交瘁，成績昭著」。

　　周詒春不滿意清華學校僅

■周詒春（1883～1958），祖籍安徽休寧，生於湖北漢口。1907年畢業於上海聖約翰大學，1912年任南京臨時政府外交部秘書，5月任清華學校副校長，1913年8月至1918年1月出任清華學校校長。1958年8月在上海病逝。周詒春任清華學校校長四年多，他著眼於民族教育獨立，最先提出把清華由留美預備學校改辦成完全大學的計畫，於1916年4月，呈文外交部。他請求逐漸擴充學程，設立大學部，並得到批准。他籌劃並主持修建了清華園內著名的早期四大建築：圖書館、科學館、體育館和大禮堂，為清華發展成為大學的初創基礎。在教育方面他宣導「著重德智體三育」的方針，推行「端品勵學」和體育「強迫運動」，「素以養成完全人格為宗旨」。

第一教學樓西邊離工字廳一帶很近，西邊就是大禮堂，北邊又是「荷塘月色」，真是占盡了地利。

躺在草叢中的一塊紀念碑。

1914年時西文部教員

僅是一所爲留學美國而辦的預備學校,他深感中國應該有屬於自
己的多所大學,清華在當時的條件下完全可以辦成一所我們國家
真正的大學。於是,他以他獨具的眼光和魄力,在清華大興土
木,使清華在校園設施上,初具了大學的規模和功能。

　　散落在這一帶的正是當年周校長苦心經營而建成的「清華四
大建築」:圖書館、體育館、科學館和大禮堂。

　　站在草坪的南端往北看,那一座綠樹簇擁之下的建築就是大

高等科(1923年)

上圖：1923年的清華教
員，前排左起第四人為
教務長張彭春，第五人
為曹雲祥，最右邊的是
校醫La Force。

1914年時中文部教員

清華的標誌性建築——清華大禮堂，儘管它現在已經不是學校最大、最好的禮堂了，但是它已經變成了歷史和傳統的標誌，具有神聖的地位。

禮堂了。現在看上去，它還是那麼的精巧奪人、氣派非凡，在藍天白雲之下，棕色的樓身竟顯得那麼亮麗。

或許它現在已經不算是一個很大的禮堂了，但當年它可是中國大學禮堂中最大、最氣派的一個，可以容納清華全部的師生，一直讓清華學生為之驕傲，是清華的標誌性建築。清華學生到現在也是如此，一站到這禮堂前，或是坐在禮堂內，心裡面就不由得升起自豪的感情。

現在清華已經有比這所禮堂寬敞得多，設施也好得多的舉行典禮和會議的場所了，可是無一能夠真正與它的魅力相比，因為它是從滄桑而又輝煌的歷史中走來的，有著無與倫比的內蘊。

大禮堂是一座希臘風格和羅馬風格混合樣式的建築，它有著

希臘傳統的柱式設計，在大門前一排四根高大柯林斯風格的石柱，柱頂的渦形裝飾帶著古希臘晚期的情調。而它的門和房頂又採用了羅馬時期的拱門拱頂，透出古羅馬特有的恢弘。

清華學生在早期教育中因為完全是遵從西式的傳統，這大禮堂的建築風格恰好是這一點的體現。古希臘的精神活力和理性傳統、古羅馬的規則和法制的紀律，直到現在仍保持在清華的校風學風中。

上圖：柱頭上的渦型裝飾，是柯林斯柱式的特徵。

右圖：大禮堂正門的柱子，這是典型的古希臘建築風格。

古希臘和古羅馬的驕傲也同時在清華學子的骨子裡、血液裡流淌著。二〇年代的時候，清華和鄰近的燕京大學經常有校際之間的球賽，公平競爭歸公平競爭，那全在球場上。然而在清華的

拱型的門窗，有羅馬的輝煌和大氣，崇高和貴族的氣息就在這簡潔的一道弧線上表達了。

大禮堂裡，師生員工卻驕傲地在放電影前總要加映幻燈漫畫，主題就是把燕京大學的學生誇張成「蠻族」，讚頌清華學生像雅典人那樣理性，又像羅馬軍人那樣勇敢。最後的畫面總是清華得勝。這時候，

大禮堂的屋頂卻是有些東羅馬拜占庭風格。

大禮堂裡總是響起能把那漂亮的古羅馬式屋頂掀翻的歡呼聲。由此可見，清華人的驕傲和他們強烈的「清華意識」。

　　大禮堂的西南，草坪的一側，就是四大建築之二的科學館。當年的清華並不像現在這樣是所偏重工科技術的大學，而是文理並重，注重培養通才，只是在五〇年代中國大學院系改革和調整之後，高等教育採取蘇聯的形式，清華的文理科和工科才分開了，成為一所注重科學技術培養的大學。因此當年的「科學館」之意，更多的是新文化運動出於對「science」的信仰而命名的。

大禮堂（1923年）

科學館（1923年）

不過，現在的科學館是清華物理系的大樓，這倒是真成了狹義上的「科學館」了。

隔著草坪，與科學館斜相望的清華學堂，又完全是德國風格。白色和青灰色，恰似德國人帶著些拘謹的嚴格；不過，陽光之下，色彩還是很明快。

清華學堂比四大建築要早，在1911年4月就已經落成，肄業館的學生進入清華園，一開始就是在這裡上課的。

軍機大臣那桐親手為清華學堂題寫了匾額。原本沒有人知道

上圖：大禮堂東邊的一座大樓，前面的草坪培植得份外精心，火紅和亮黃的花開得絢爛無比。

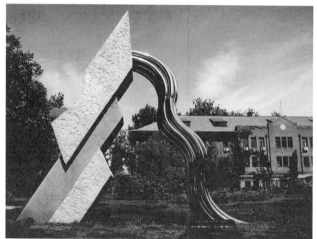

左圖：草坪上的抽象雕塑。一邊是石頭的質料，表現的是重重山巒；一邊是金屬做成，代表潺潺流水。雕塑未見得多麼出色，下面的字卻讓人思考：「知者樂水，仁者樂山。」

大概是因為建築風格和色調的問題，清華的建築幾乎都給人深沉莊重到有點壓迫感的程度。但這也許只是不習慣苦讀的文科學生的先入之見吧。

清華學堂二樓的陽臺很適合作為西方浪漫歌劇的一個選景吧。美麗的姑娘扶著欄杆，傾聽著樓下傳來的情歌……唉，又往不沾邊的地方「瞎」想了。

清華學堂漂亮而別致的屋頂，在藍天下引人遐想，彷彿是童話中的城堡，然而裡面卻從來沒有輕鬆過，絕非童話的世界。

軍機大臣那桐題寫的「清華學堂」

清廷究竟會在屈辱中，從這裡向美國送出多少中國的少年，但是，僅僅在八個月之後，隆裕太后宣布溥儀皇帝退位。在那個隆冬的傍晚，夕陽照著清華學堂門前的殘雪。在這裡接受封閉美式教育的孩子們，聽到了這個消息，他們不知道這到底是憂是喜。撲朔迷離的政局變幻，實際上和他們的關係並不大，進了清華園就似乎與亂紛紛的外界隔絕了起來。那天晚上，正是西方的耶誕節，孩子們就是在悠揚的聖誕歌聲中，度過了他們的國家沒有皇帝的第一天。

在巍峨氣派的清華學堂後面，清華同方部平凡而又簡陋地隱藏在雜草亂樹之間。一層樓的小房子，被安排在不顯眼的地方，磚石已經泛出古舊的黃色，門楣、窗臺也有些朽去的痕跡，門上的漆剝落了，臺階上也雜草叢生。

同方部從來就不是一處引人注目的地方，倒是「清華同方」的名字人人知曉，那卻是因為這個企業集團的興旺發達。實際上，同方部代表清華的一種精神，那就是盡管身穿洋裝、說著洋

可憐的「同方部」夾在一大群壯麗建築之中，很有些自慚形穢，害羞地把一小半身子藏到了清華學堂的身後。

同方部已經很老了，看著斑斑駁駁的大門和長著野草的臺階，歲月就是這樣流逝的……

文、學習著西方的知識，但無論如何，民族的精神卻在心中如此濃郁而強烈。

　　「同方部」的意思就是「志同道合者相聚的地方」。「同方」

最洋派的人骨子裡可能是最傳統的。清華曾經是留美預備學校，但對孔子尊崇的程度，卻是其他學校所不能及的。

兩個字也是來自於《禮記》中的一段文字。在新文化運動時期和之後的一段時間內，否定中國傳統文明和精神達到非常極端的程度，可是同方部卻是中國西化最前沿的清華人每年祭拜孔子的地方。到現在，在清華的荒島上也還有孔子的雕像。

在中國爲學，唯有學貫中西才可成大家。在清華這樣大師輩出的地方，在西學盛行的表層下，中華文明的精神和內蘊是從來

孩子們在這裡接受「愛學主義」教育，紛紛爭先恐後地和日晷、大禮堂合影，此刻他們離自己的夢想是如此的近切，而要實現這個夢想的路卻還有那麼的長。可憐的孩子們啊⋯⋯

這也是清華九十週年校慶時校友們的貢獻，斜放在草坪上，人像周圍是電腦編碼和不著邊際的文字，足夠的科幻和神秘。

不曾中斷和消失過的。

在草坪的南端，是一個日晷。我緩緩走過去時，看到一些中學生在和它照相。清華、北大一直是家長、老師們心中絕好的「愛學主義」教育基地，因此，每到週末和假期，就會設法把孩子

這個陣勢也是為了
紀念清華的九十華
誕,中間是一口大
鼎,環繞一圈的是
清華歷史最悠久的
幾大院系的碑。

站在草坪南端的日
晷,上面刻著「行
勝於言」。

們帶進來參觀。有的是父母牽著孩子，有的則是由老師組織，成群結隊地參觀。尤其是一到暑假，清華校園裡幾乎不間斷的要接待來自全國各地的中學生，甚至小學生夏令營團隊。有一年，我也曾帶著一批來自四面八方的十幾歲孩子在清華園裡參觀。在遊覽車上的時候，他們是那麼的淘氣和喧鬧，然而到清華校園裡一下了車，他們變得比剛才更興奮，但卻安靜得多了。我知道，他們敏感的心能夠馬上體會到這所夢幻大學的神聖，他們聞到了這裡的歷史氣息、看到了清華園上空流動的精神。那整個下午，孩子們的眼神都是那樣的充滿了敬意和嚮往。

這便是名校的力量，她不用言語，卻已經告訴人們許多許多。她是多少人存放他們終身夢想的地方，在她看不到的角落裡，有多少人在為她廢寢忘食地奮鬥，又有多少人終身未能與她相見，卻一直受著她光輝的普照？

我向日晷走了過去。看著上面的字──「行勝於言」，我問站在日晷前合影完畢的三個孩子：「知道為什麼在日晷上會刻這幾個字嗎？」

「因為這是清華大學的日晷。」一個孩子馬上回答。

「清華大學為什麼就喜歡這幾個字呢？」我又問。

「因為……因為清華的人勤奮……愛因斯坦（Albert Einstein）說天才加勤奮加少說話就等於成功。」另一個孩子伶牙俐齒地說。

「這是清華的校風。清華的學生就是這樣，話說得少，事做得多。」一直沒有說話的孩子也說。

是呀，連這只有十歲出頭的孩子也能夠如此肯定而清晰地說

出清華人的特色之一，可見清華有著她多麼鮮明的學風和校風了。

看著日晷上「行勝於言」四個字，我卻想到了謙謙君子——清華的終身校長梅貽琦先生[2]。如果說北大的校風是蔡元培先生一手奠定的，那麼清華風格的形成便與梅貽琦先生密不可分。

任清華大學校長時的梅貽琦（攝於三○年代中期）

梅先生是位可敬的「寡言君子」，這連當時的外國人也知道，稱他爲「a gentleman of few words」。梅先生出於「津門巨族」之家，然而到他父親的時候，已經家道中落，他便是在拮据的家境下，努力求學，考中了遊美學務處的首批庚款留學生。1909年，二十歲不到的躊躇少年梅貽琦登上了開往美利堅

[2] 梅貽琦（1889～1962），字月涵，天津人。著名教育家。1909年考取遊美學務處選派的首批留學生，赴美留學。1914年畢業於羅徹斯特理工學院電機系，獲工學士學位。1915年到清華學校任教，後任教務長，暫代校務，並任清華大學留美學生監督處監督等職。梅貽琦於1931年10月至1948年12月出任國立清華大學校長。在他的主持下，清華大學發展爲一所在國內外均頗有影響力的學府。八年抗戰期間，梅貽琦仍是清華大學校長，並主持西南聯合大學的校務（任聯大常委）。抗戰勝利後，清華大學回到北平，梅貽琦繼續擔任校長，直到1948年12月清華園解放前夕。在他任校長的十七年裡，清華大學得到長足發展，全校設有文、理、工、法、農等5個學院、26個系，在校師生兩千四百多人。1955年由美國前往臺灣，用清華基金籌辦「清華原子科學研究所」（後擴展爲新竹清華大學）。1962年5月19日病逝於臺北。

梅貽琦（中坐者）在美留學時與同學合影（攝於1912年）

的輪船，帶著複雜的心情和他多災多難的祖國揮手告別。

　　六年後，當他再次踏上自己的故土，已經是成熟的青年，腦中有世界最先進的工學知識，心中有最強烈的報效祖國、還恩故土情懷。他來到了清華，要實現他「教育救國」的壯志和理想。

　　二、三〇年代的時候，清華出現過一段為時不短的驅趕校長風潮。北洋軍閥和國民黨統治時期，清華成了當局覬覦的對象。這聽上去很有些不可思議，政府居然會打大學的主意。但是混亂的時期，也就是各種奇怪現象都可能發生的時期。清華大學有來自庚款的豐厚辦學基金，政府若是控制了清華，也就能為空虛的國庫和個人的私囊帶來不小的好處。武夫們並不在意什麼文化與精神，他們有迫在眉睫的仗要打，看中的是錢，無論是哪裡的財源，他們都不會讓它輕易漏掉。於是，各派軍閥爭先恐後，紛紛

清華同學會會所騎河樓於1927年12月25日落成紀念照

為清華校長物色人選。清華的師生們自然不能容忍自己深愛的學校被軍閥當成肥肉吞下，大家聯合起來，驅趕了一屆又一屆的校長，有的甚至還沒有踏進清華園便只得打道回府。

清華的師生們提出了他們心中可以接受的校長人選必須具備的標準：沒有黨派色彩、學識淵博、人格高尚、確能發展清華和聲望素著。這可是很嚴苛的標準，但正是在這個時候，上天賜給清華一個梅貽琦，這不能不算是清華的大幸。

當時的梅先生卻正在太平洋的彼岸，他不是不知道出任校長是一件困難重重的事情，畢竟清華的局勢在當時看來不是一個人能夠收拾得了的。梅先生的美國朋友都勸他拒絕出任，繼續留在美國，過安寧的學者生活；因為他們瞭解，梅先生的性格絕對不是個適合做官的人，他是如此的沉默寡言。

然而梅先生到了清華後，長期混亂不穩的局勢結束了，清華進入了她的黃金時代。而梅先生在校長一職上一坐就是十七年。

「大學，非大樓之謂也，乃大師之謂也。」在他的教育思想中，梅先生如是說。

「以師資爲努力奔赴之第一事。」剛任校長的梅先生如是說。

「學生沒有壞的，壞學生都是教壞的。」富有愛心的梅先生是如此樂觀地看待教學的對象，又如此嚴格地要求教學本身。（我相信，他老人家的這句話，所有的學生都喜歡聽。）

梅先生用學者的姿態對待學者、用學者的感情理解學者、用學者的智慧感召學者。梅先生在任期間，清華雲集的大師之多，在中國大學中當時無人能望其項背。這恐怕不能只歸功於清華能夠提供給他們優厚的物質待遇，因爲在幾年前的時候，他們還寧可在教育經費時常捉襟見肘的北大任教呢。梅先生

梅貽琦1920年與家人在清華園留影

用他的個人魅力和治校本領，使清華對大師們的吸引力空前高漲。享譽世界、被稱爲學術界第一人的陳寅恪，著名哲學家馮友蘭、金岳霖，語言學家趙元任、王力，經濟學家陳岱孫等等，另外還有吳宓、朱自清、聞一多、俞伯平等名人。清華一時間群星璀璨，光輝耀眼。

梅先生對待學生也是非常之體諒的。他不贊成給學生開太重

二〇年代的童子軍司令部。前排左一為梅貽琦

的課程。這和今天的清華可大不一樣,但此一時、彼一時,當時的清華大學可是一所培養「通才」的綜合性大學,和今天以工科為主的清華情況不同,所以對學生的要求自然也有所分別才是。

梅先生認為學生要成材,老師起的不過是引領作用,除此之外,就是用自己的人格和學術態度影響學生,並不可以成為監工。學生主要還在「自謀修養」,所以不能不給學生足夠的發呆、發傻、發癡時間,否則連人生的種種奇妙況味都沒有去觀察思考、欣賞、體會,做人也太失敗了,又怎可以做好學者呢?梅先生還認為,學生應該享受孤獨,需要有機會遠離他人,尋找真我,讓他們避免在集體中生活而丟失自我的危險。沒有獨處、獨

思的時間，容易造成思想上的從眾，而這在學術中是多麼的危
險，那將不可能出現大師，而只能造就庸人。

　　子曰：「君子敏於行而訥於言。」梅貽琦在清華的歷史上、
在中國的教育史上，創造了輝煌的奇蹟，然而他本人卻是一位沉
默寡言的人。他的謙遜和善及懷有平常之心，是極爲難能可貴
的。他在一次對清華學生的演講中說：「我只希望大家有勇氣去
做一個最平凡的人，不要追求轟轟烈烈……。」這話說得是多麼
的好！偉大的事情不是因爲追求偉大而偉大，而是懷著最平常的
關懷、最眞切的人性而成就的。

　　在清華人的印象裡，梅先生的性格可以用三個字來概括：
慢、穩、剛。梅先生說話慢而少，哪怕是在最緊張慌亂的時候，

1953年返校（羅徹斯特理工學院）時留影。前排右三為梅貽琦

他也可以做到慢吞吞地說話。別人見他不言不語，已經是急上加急了，他卻還是長時間一言不發，好不容易說話了，卻又是說幾個字隔幾秒鐘，寥寥數語而已。陳寅恪先生就曾說：「假使一個政府的法令，可以像梅先生說話那樣嚴謹、那樣少，那個政府就是最理想的。」

　　梅先生說話慢而少，並不是因為他不善言辭。他的幽默，在他為數不多的話中卻時時閃現出來。梅先生之前，清華有一陣驅趕校長的風潮，有人問為什麼偏偏他就能夠在清華穩坐下來。梅先生慢悠悠地說：「大家倒這個、倒那個，就沒有人願意倒梅（楣）。」

最哉諸子
研究奧窔　樂道耽藝
文化遞嬗
陶淵性情　新理叢生
騰茂蜚英
永保令名
梅貽琦題

梅貽琦手跡：為《清華校友通訊》題詞

　　在清華人的心中，梅先生簡直就是一個完人。他人品高尚、學術有成、生活簡樸、心胸寬廣、為人謙和，但是最讓清華人稱道和喜歡的，卻是梅先生的酒品。喝酒的人都知道，一個人的酒品是所有品格當中最真和最難的。

　　梅先生這樣克己奉公的人原本是滴酒不沾的，但是在有一年校慶之時，校友們回到清華來，歡聚一堂，興致正高處，校友們就非要給

梅貽琦手跡：為清華學生畢業年刊題詞（1933年）

第五級畢業同學年刊

內兗外腓

梅貽琦題

校長敬酒。梅先生這樣的君子自然要成人之好，不能掃人之興，只好一杯接一杯地喝了起來。不喝則已，一喝之下，大家竟發現梅先生天生海量，這也大大出乎梅先生自己的意料之外。從此以後，只要是友人相聚，梅先生必定傾情奉獻，表演他的海量。他的酒德甚高，來者不拒，但無論喝多少，他總是保持著靜穆的態度，即使是喝醉了，也向來可以控制自己，沒有過鬧酒的紀錄。所以朋友同事都很願意和他一起飲酒，在此一道上，對他的景仰更是「如滔滔江水，綿綿不絕」。

　　梅先生是清華的功臣，也是清華歷史上一顆璀璨的明珠，清華永遠都記得他、感謝他。臺灣新竹的原子爐被命名為「梅貽琦紀念館」；新竹清華大學裡有他的墓園，裡面種了兩百多株梅花，以紀念梅先生。梅先生逝世的時候，有這樣的一首輓詩：

沒有死亡

沒有死亡：水仙花這樣鄭重地宣稱；
蝴蝶蘭在窗前舞躍著也這樣聲明。
燕子飛來發誓，黃鸝鳥好作見證。
五月的一切燦爛光景誰不知情？

沒有死亡：親朋抑鬱的心啊，相信吧！
天地和太陽同在金聲中合唱悠揚。
生命由愛育而永生，你們能疑慮嗎？
把憂愁拋在炎夏的火裡，不要悲傷。

沒有死亡：青青草原的雲雀重複地唱。
清華園荷花池畔的鐘聲讚賞回應！
整整三十年的春風化雨、桃李成行；
長城的烽火消散，昆明湖依然寧靜。

沒有死亡：原子爐的臨界可以保證。
靜聽呀，宇宙的神秘像呼吸般輕盈，
在核心破裂中放射出無窮的巨能。
偉大的梅先生，高風長在，英靈永生。

我向北走去，經過大禮堂時，一位清華的女孩正好從裡面出

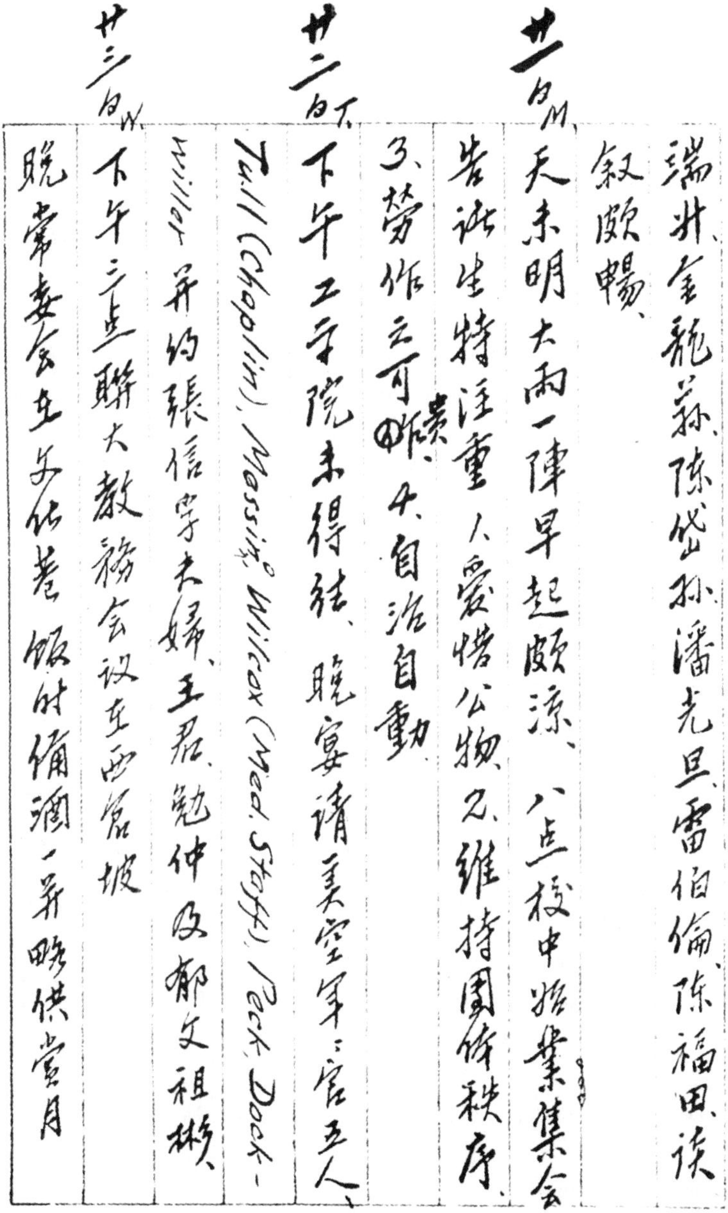

廿八日M、
天未明大雨一陣早起頗涼、八点校中級業集會

告誡生特注重人愛惜公物及維持團體秩序、

3、勞作之可眛4、自治自動

廿九日下、
下午工學院未得往、晚宴請美空軍官五人、

Tull (Chaplin), Massing? Wilcox (Med.Staff), Peck, Dock -

miller 并約張信孚夫婦、王君勉仲及郁文祖彬、

卅日M、
下午三点聯大教務會議在西客坡

卅一日M、
晚常委會主叶企孫卷飯付備酒一罪略供賞月

瑞升、金、龍、蓀、陳岱孫、潘光旦、雷伯倫、陳福田、談

敘頗暢、

梅貽琦日記手跡（1942年9月）

來。她是我多年的朋友，原來在北大念書，卻考了清華法學院的研究生。早聽說她在清華過得很愜意，所以也一直不能見到她的人影，沒想到在這裡碰見了。原來在北大的時候，她因為自由而彷徨，現在在清華，她可以因為嚴整的生活感到踏實了。

　　我這麼對她說的時候，她只是笑，末了邀請我去她們的學生

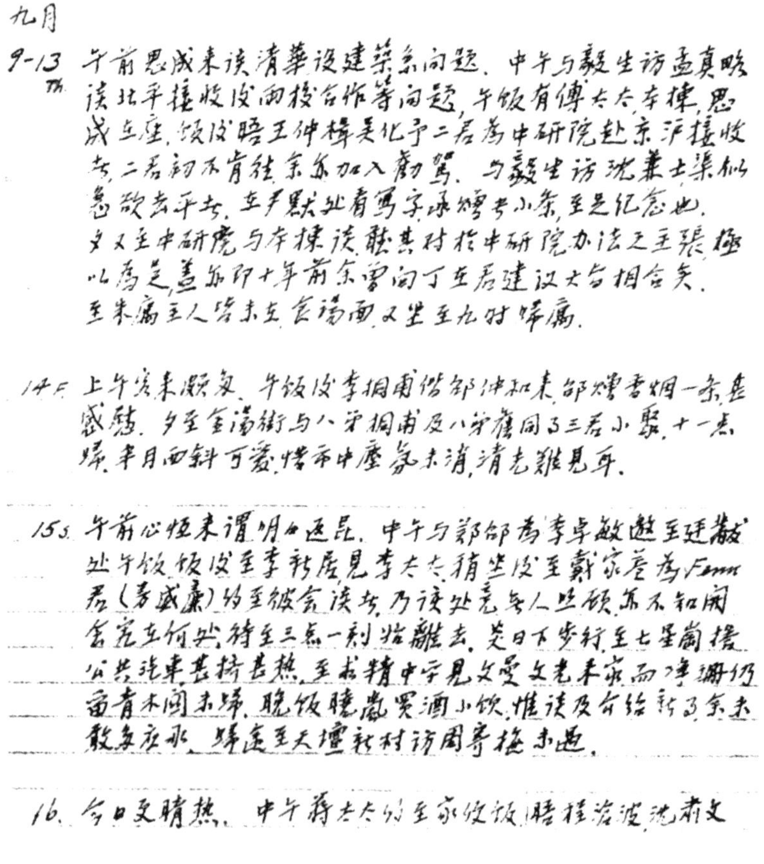

梅貽琦日記手跡（1945年9月）

活動中心觀看一場國標舞表演。我正要到西體那邊去，而學生活動中心就在那附近，所以與她一路相伴而行。

她的話變得很少，步子卻比從前快了很多，大概是受「行勝於言」的教誨了。在她不多的話語中，我能夠看出她的驕傲和喜悅。

她說：「如果當年我沒有考清華，我會變成另外一個人。但我喜歡現在的自己。」

她說：「現在如果再讓我回北大，我沒有辦法在那裡生活。」

她說：「中國人缺的不是北大的才氣，而是少了清華的踏實。」

她說：「沒有北大就不會有中國的現在，而沒有清華就不會有中國的將來。」

她說：「念過清華的人沒有不愛清華的，因為她讓你的人生清楚而明晰。」

…………

我說的比她多得多，可我已經記不清楚自己說過什麼；她說的很少，然而每一句話都能給我很深的印象。令人羨慕呀，才在清華兩年，梅先生的遺風就已經在她身上有了體現。

學生活動中心到了，然而我沒有進去。我們就在門口彼此別過。清華的國標舞表演我已經看了很多次，大家都是同行，我當然熟悉。一個學校能夠有這麼一支高水準的體育舞蹈隊，實在是艱苦很值得稱讚的一件事。他們艱苦的訓練，加上優秀的天賦，在舞臺上簡直美極了。北大是沒有的，所以我不太願意去做他們的觀眾，有點心酸。人說清華只要是想做的事情，便沒有做不成

的,這一點我同意。因為一個學校既有科學的管理、有雄厚的資金、有蜚聲海外的聲譽,又有勤奮肯幹的學生、萬眾一心的精神,和時刻不忘支持母校的校友,那還有什麼做不成的事情?姑且不說她的文科和社會科學在近幾年的建設和發展,就說一支小小的國標隊吧,當年創立的時候也不過是白手起家,可是人家聘來一流的老師,集合起俊男美女的特招生,進行清華特有的艱苦訓練,沒過多久,便已經達到專業水準了。

上圖:學生活動中心叫做蒙民偉樓,有四千多平方公尺,裡面有音樂、美術、舞蹈教室、展覽廳、報告廳和舞廳,還有四十多間琴房。

左圖:學生活動中心的規模和設施都是讓其他學校難以望其項背的,清華的學生就是幸福啊,連「活動」都被學校這樣無微不至地關心。

　　我看了看學生活動中心外面的招生公告，國標隊表演和訓練時的照片很是吸引人。別處也貼出諸如鋼琴音樂會之類的海報，清華學生們的生活可謂風雅之至。

　　身後的喝彩聲把我的視線吸引了過去。大操場上，正在進行一場足球比賽。身著紅紅藍藍球衣的小伙子們，英姿颯爽地在球場上跑動著，不時發出唏噓之聲和喝彩聲。其實足球場上很擁擠，只是因為今天他們是正式的比賽，所以才能夠兩個隊獨占一整個足球場，要是在平時，一個球場上經常可以看到同時有五、六

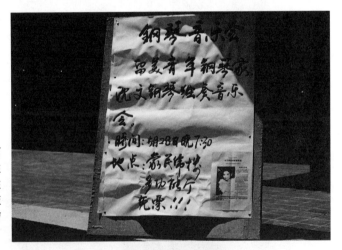

雖然是工科學校，可是清華很重視對學生的全面培養，讓學生成為「有品位」的技術人才，聽聽音樂會什麼的。

足球場上才是男生們最「男生」的時候，遠遠地站著，都能感到活力撲面而來。

右圖：原來的體育館現在被稱為西體，從它柱式的裝飾和拱型的門窗，就知道這是二十世紀初西方建築師想擺脫卻還擺脫不了的傳統風格。

左圖：體育館前的燈已經老到如此程度，但仔細看來，仍然值得品味。

下圖：雖然已經老了，可那氣度猶在，反而因為歲月的緣故，而顯得越發讓人景仰。

羅斯福紀念體育館（1923年）

組人在踢球。現在，非參賽者可憐地被擠在正式球場的外面，打游擊似的在場外傳著球，卻也不亦樂乎。

在大操場西面的西體，就是周詒春擔任清華校長的時候蓋的。這仍然是一座美式風格的建築，由美國的建築師設計，甚至主要的建築材料也是直接從美國本土運過來的。它仍然是採用傳統的柱式，三扇拱形的大窗戶，又帶著羅馬的風格。

西體已經很老、很舊了，可是清華的體育傳統，甚至學校的風格卻正是在這裡形成和發揚的。

在體育館的西面，就是馬約翰先生[3]的雕像。如果沒有看過他的照片，此時一看，會很意外。

---

[3] 馬約翰（1882～1966），體育教育家。福建廈門人。1911年畢業於上海聖約翰大學化學系，1926年獲美國春田大學體育碩士學位。曾任清華大學教授、體育部主任，全國體育協進會委員，第十二屆奧林匹克運動會中國田徑隊總教練，全國體總副主席、主席，國家體委委員，是第一至三屆全國人大代表。畢生致力於發展我國的體育事業，在體育理論、體育教學、運動訓練等方面造詣較深。著有《體育的遷移價值》。

體育界的旗幟——馬約
翰教授

左圖：隆冬時馬約翰穿單
衣上課

下圖：馬約翰（穿西服者）
與清華學校1916~1917足
球隊合影

馬約翰先生在清華的歷史上，同樣是一位不可不提的重要人物。聽這名字，就知道這一定是個外國人，可是一看他本人的照片和雕像，卻並不是那樣的高鼻樑、深眼窩，反而更像一個東方人。

馬約翰先生的確是有中國血統，但他是地道的美國人，身上散發的也是美國那種特有的精神和活力。在清華三〇年代的校園週刊裡，有一篇文章是這樣記敘他的：

「要想知道馬約翰先生是什麼人，若是基督徒的話，最好想想耶穌誕生那天為你送來東西的北極老人。這位老人不知何時凡心一動，下界投胎來清華園當起教授來了。

「說話舉動，從哪一點看來，都不像五十開外的人。論精神，我們年輕人站在他的面前，要十二分慚愧的。

「上他的體育課是最有趣的。上課前跑圈完畢，他有幾分鐘演講，三句話不離本行，勸你這樣那樣講衛生——半中半西，老年人是興奮到極點；他說假使你身體不好，再娶一位弱不禁風的太太的話，則……

馬約翰的雕像就在體育館的後面，他既是清華體育之父，也是中國近代體育教育發展的奠基人。

「『If……and born a baby like this……』說著拿手比一比,比『三寸丁』還小呢!

「心裡想:當真有這麼個少爺才可笑……於是特別加油起來。

「在冬天、春天,他勸你吃胡蘿蔔……吃!吃!!

「他的孩子最多,連爸媽、孩子全體出動,可成立一支馬家足球隊。

「他的孩子對他都很好,有一次我見他的少爺摸著他的頭叫:『Dada!』我們的聖誕老人從口袋裡拿出那特好的蘿蔔塞到他的小嘴裡。

「吃!吃!!吃!!!」

兩千多年前,在西方文明發端之處的希臘半島,那裡的居民們把強壯健美的體格和完美的形體看成是文明的重要標誌。他們堅信,強健的身體之中,才會有堅強的精神;完美的身形,才可以孕育完美的靈魂。這樣的思想和精神一直在西方流傳著,讓他們儘管不斷地經歷黑暗而窒息的年代,但充滿活力和不斷冒險追尋的精神卻推動著歷史前行,最終走到了世界的最前面。

然而,中國向來沒有如此重視體育的傳統,尤其是到了國力衰退的清季之時,中國人因為戰爭和貧困,體質極差,而且在中國大眾中也沒有強健體魄的意識和機會。又加上鴉片的毒害,中國人往西洋人身邊一站,又瘦、又矮、又萎靡不振,被斥為「東亞病夫」實在也不是沒有道理。

馬約翰來到了清華,看到校園裡的中國孩子。作為體育教育家的他,富有愛心,他愛上了這些勤奮可愛、生活在一個飄搖不定、多災多難國家中的孩子,他希望中國人從他們、從清華開

始，不再受到外國人對他們體魄的蔑視。

　　他苦口婆心地勸孩子們不要老待在教室裡、躲在樹底下看書，要出來鍛鍊、鍛鍊體魄。光是勸也不奏效，他就採取了強迫運動的方法，規定每天下午四點到五點鐘必須要運動，把圖書館、教室和自習室全都鎖了起來。體育老師就像糾察一樣到處巡視，發現藏在樹叢中、躲在宿舍裡看書的學生，一律揪出來。老師們帶著學生運動，一點也不讓他們偷懶。

　　馬約翰先生可不是一位一般的體育老師，他是當時全國唯一的一位體育教授，因為他有淵博的體育教育思想，創造並制訂了科學的鍛鍊方法。

　　上中學的時候，我的體質很差，而體育老師又嚴厲無比。每到上體育課，我就害怕得要命。尤其一到達標測試或是體育項目考試的時候，好幾天前心裡就七上八下。當時最大的願望就是有哪位恩人把體育課取消了，把我從苦難中解放出來。然而現在才知道，多虧了那時候的嚴師，逼著鍛鍊了體魄，才能有精力和能力把大大小小的考試應付過來。

　　想必，當年的梁實秋先生也和我從前的心情一樣。

足球場南邊的鍛鍊場地

梁實秋（在校名梁治華）攝於清華學校

他上清華大學時，是一個典型的中國式文弱書生，功課不用發愁，天賦和勤奮讓他一直很出色，但是體育卻把他難倒了。清華的體育十分嚴格，出國和畢業都必須首先要通過體育考試才可以。快到畢業的時候，梁實秋先生卻被游泳考試給卡住了。要是通不過補考，幾年辛苦也就沒有了結果。因此，他也頗緊張，發憤地練習，臨考時心裡還是沒有底，又約了兩個同學拿著竹竿，站在游泳池邊保護他不至於溺水而死。可是，當他懷著不成功便成仁之心下了游泳池後，一切便由不得自己控制了，不一會兒就淹得連叫救命的本事都沒有了。幸好兩根竹竿伸了進來，把狼狽的他撈了上去。他那副可憐相呀，連心腸最硬的人見了也不由得要放他一馬；可在清華就是沒有這樣慈悲的人，一個月之後，他還是得補考。那是最後一次機會了。梁實秋先生跳將下去，胡亂撲騰，翻江倒海一般氣勢洶洶，卻仍毫不含糊地一沉到底。但梁先生的體育精神已經在這多次折磨中被培養出來了，所以他百折不撓，硬是連爬帶游地前進。快要到頭時，他喜上心頭，反而從容不迫地給馬約翰先生演示了幾下標準的蛙泳，登上了彼岸，把個馬教授樂得不可開交，揮揮手算他及格了。

馬約翰先生曾經說過一段話，到現在很多清華學生還能一字不差地背誦出來：

「你們要好好鍛鍊身體，要勇敢、不要怕，要有勁、要去幹。外國人打棒球，你們也去打；外國人踢足球，你們也去踢。不要出去給中國人丟臉。不要人家一推你，你就倒；別人一發狠，你就怕；別人一瞪眼，你就哆嗦。Fight to ever, never give in！」

在三〇年代，恐怕沒有任何一所學校的小伙子們，活力能夠和清華學生相媲美，這完全是得益於他們嚴格的體育訓練。

那時候，清華裡有兩項有趣卻又奇怪的運動，那就是「拖屍」和「鬥牛」。

「拖屍」運動很富有美國大學的特色，它的英文叫做「Toss」，想必也是舶來品。先進校門的學生心裡面總是驕傲的，看著剛進學校不知天高地厚的毛頭小子們，自然想要挫挫他們的銳氣，讓可愛的「尊老不愛幼」規矩發揚光大。除夕之夜，二年級的學生就組織起來，美其名曰「拜年」，深夜闖入到新生的宿

1926級（1923年），中有任之恭、梁思忠

1936級女同學於泰山留影

清華乒乓球隊

大學足球冠軍清華隊

舍，把他們從床上一一拖起來，四個舊生抓住新生的四肢，甩來甩去，旁邊一人高喊「拜年，拜年」，並數著數，直數到七、八，甚至十幾下，方才把可憐的新生扔回床去，然後如當年蒙古騎兵一般，鬼魅地呼嘯而去。到後來，這就逐漸變成了一項組織嚴密的恐怖體育運動。在新生報到之時，舊生把住門檻，非要把他們拖到體育館裡，抬了手腳晃悠得讓人難受不已，然後才往墊子上一扔，這道手續算是完成。如果要有不識時務的新生敢於反抗，舊生則毫不留情的把他扔進游泳池去。

與「拖屍」相比，「鬥牛」就要文明得多，只會讓人歡快過癮，而不會令一些人深感痛苦了。

當年的清華人這樣描述「鬥牛」的妙處：

「起初南北兩籃下，總有兩三個人在那裡擲球，一聲『合併』，就聯在一起，分成兩隊，或由南朝北、或由北朝南，各攻其所欲攻、守其所欲守，後來加入的人越來越多，吶喊之聲不絕，各顯神通。或將球帶至很遠處、或遠遠地向籃裡一擲，有幸而球中，也能博得不少的鼓掌讚美聲。往往戰鬥最熾熱時，只見肉手、肉足擠作一團，諸文士之不能臨陣者，皆退而作壁上觀。還有少數的老弱殘兵，打東西籃，絕不敢攖大隊之鋒，遇著大隊的球落在身旁時，急忙退避三舍，讓大家過去，否則就要挨打了。」

鄒承在回憶「鬥牛」時，也說：

「……進得（體育）館內，你可看到在不大的健身房籃球場上，兩軍對壘：鬥得難分難解，這兩軍似乎壁壘分明，大家將士用命，奮勇作戰。但都是烏合之眾，且各有人馬多少，無人知曉。每軍內不分前鋒後衛，也不知有幾個中鋒。反正，每邊絕不

止五人，人數多時，在場馳騁的英雄好漢，可達到二、三十之眾。在其中，每個人都是前鋒，也可是後衛，也可是中鋒。你要鬥牛，隨時可以加入。看這一邊熟人多加入這一邊固可，看那一邊居於劣勢仗義助戰，而加入那一邊亦可；鬥了一半，為扭轉大勢願做倒戈將軍，換一邊而攻之，亦悉聽君便……。」

這樣的運動是不是很有意思？只可惜現在無法再看到那樣有趣的場面了。

到現在，清華的體育課程還是要求非常嚴格，多天的晨跑也是必需的。清華的學生往往不會覺得頂著大風，在冬日清晨的黑暗中長跑是一件痛苦難熬的事情，也不會覺得大家整齊劃一地一邊跑步一邊喊口號有多麼可笑或幼稚，因為只有身體力行的人才能真正明白什麼是體育鑄就出來的精神和思想。

馬約翰先生為清華締造出的體育傳統和精神，到現在在清華園中仍然能夠深切地體會到。如今每天的四點半到五點鐘，清華學生通常是紛紛來到體育館、運動場自發地鍛鍊。學校不再採用強迫手段，因為已經不需要強迫了；相反，傳統一旦形成，要是不讓學生們出去鍛鍊，那倒反而可能引起造反呢。

四大建築的最後一處就是清華的圖書館了。**４**

清華大學的圖書館不像北大的那樣巍峨壯觀，一副氣勢奪人的樣子。它平和而肅穆，只有三層樓高，蓋成三合院的樣子，在

---

４ 1919、1930、1991年分三期建成的圖書館，總面積二萬七千九百四十平方公尺，是墨菲、楊廷寶、關肇鄴三位建築大師的共同傑作；一、二期天衣無縫，二、三期珠聯璧合，獲得國家設計金獎的新館設計是繼承和創新的範例。館內藏書二百六十萬冊，設有電子和影音閱覽室，電腦網路透過Internet和世界各國圖書館相連。

樹木掩映之下，帶著滿腹的經綸，靜靜地思考著深奧的問題。

　　一座建築之美，主要不在於它有多麼壯觀華貴，而在於它果真體現了本來應該要有的內蘊。清華的圖書館就是這樣令人讚賞的建築。仍然是棕色的牆身和莊嚴的拱門，有智慧者該有的寧靜和平和；茶色的大落地玻璃反射著外界的光芒，又有如智者思想中不停閃爍的火花和永不褪色的靈性。走在三合院中間的空地上，向這樓館一望，心裡便會有一種對無知的惶恐和厭棄、對智慧的尊重和嚮往。

　　圖書館分為三個部分。在東邊的一部分是老館，早在1919年的時候，它就矗立於此迎接清華園春天的到來。它的建築面積並不太大，只有兩千一百多平方公尺，其中的一個設計師就是清華

清華的圖書館平和而不張揚，就連它的牌子也讓人看得不甚清楚，但是只需要看它一眼，就會留下很深的印象。

圖書館在大片的綠地之中，環境非常清幽。

圖書館（1923年）

1919年建成的圖書館,位於現今整個圖書館的東部,房身已經顯得古舊了,但仍然有它別樣的魅力。

1930年建成的圖書館第二期工程。窗明几淨之中,多少學子曾經在這裡度過他們一生中最值得回憶的歲月。

的校友莊俊。他是中國的庚款留學生，在美國攻讀建築，是中國近代歷史中，有建築這一正式職業後的第一位從業建築師。

不過，那時候它已經是中國規模最大的圖書館了，而且它的內部裝修和設施也是中國人當時前所未見的；尤其地面居然是由光亮的玻璃鋪成，學生們走在上面，直可看到自己的倒影，不由得又新奇、又興奮。

從那個時候開始，清華大學的圖書館一直被稱作「大圖書館」，也一直都是清華人心中的驕傲。

資中筠說過，一走進圖書館，清華的師生們總有一種進入殿堂的感覺，一切都是那麼肅穆、寧靜，甚至於神聖。誰也不會大聲說話，連咳嗽都不敢放肆。他說：「記得當年考大學，發憤非入清華不可，主要吸引我的除了學術地位以外，實實在在就是那圖書館了。」

著名的話劇《雷雨》也是在這裡誕生的。曹禺先生[5]正

清華畢業的兩代戲劇家：曹禺和英若誠

---

[5] 曹禺（1910～1996），現代著名戲劇家。原名萬家寶，祖籍湖北潛江，出生在天津。1928年入南開大學，後轉入清華大學西洋文學系。1933年寫成處女作四幕劇《雷雨》，1935年寫出四幕劇《日出》。1946年應邀赴美講學，一年後回到上海，編寫和導演了反映國統區人民渴望光明的電影《豔陽天》。其後擔任全國劇協主席、北京人民藝術劇院院長等職務。他的作品《雷雨》、《日出》、《北京人》等，不僅使中國有了長演不衰的傳統保留劇目，也得到國外戲劇界的高度讚揚。

上圖：在老館和新館之間，也是用這樣的走廊把它們連在一起的。

上圖：新館獲得過國家建築設計金獎，它沒有修得很高，是因為尊重大禮堂和一、二期老館的中心地位，甘居偏位和次高，達到風格的協調。

在細部上，圖書館的設計也很值得玩味。這樣漂亮的門窗、飄逸朦朧的窗簾和青青的蔓藤，實在是讓人喜歡。

圖書館的三個部分正好圍成一個三合院，中間有一片不大的空地，有一個小水池。這就是水池中的噴泉。

圖書館裡區分著許多不同的閱覽室和展覽廳。

是在這樣的環境裡找到了自己的靈感和戲劇當中的深度。他內心感激著清華圖書館對他的啓迪：「大學期間，我利用圖書館豐富的藏書……，一一進行精讀，並加以細細揣摩與領會，從中吸取營養。」「暑假中，來館的人不多，閱覽室裡非常寧靜，很適合創作。我每天去圖書館，從不缺席。」

　　著名學者費孝通回憶起清華圖書館時，也是滿懷深情：「我進入圖書館，像是一隻蜜蜂進了百花園，自由自在地採擷花蜜。」
…………

　　1930年的時候，清華圖書館開始擴建。1931年竣工後，建築

面積增加了五千多平方公尺，它的設計者楊廷寶，是清華的校友，也是曾經留美的建築師。一個學校培養出這麼多出色的工程師眞是一件大好事，不至於像北大那樣，圖書館的設計者不是自家人，反倒是清華的。而設計北大圖書館的清華大學畢業生、中國工程院院士關肇鄴教授，也正好是清華圖書館第三部分逸夫館的設計者。第三部分在1991年的時候完成，從此以後，清華圖書館三代三個部分連爲一體，天衣無縫。

如何利用大學的圖書館，並不是一件簡單和容易做好的事情。圖書館裡藏的書的確不少，種類也很齊全，清華圖書館的藏書有二百五十多萬冊。然而藏書是說明不了問題的，關鍵看學生們如何使用它們。在清華裡，學生的勤奮是毋庸置疑的，然而正因爲功課緊、專業任務繁重，所以對圖書館的利用與從前時候可是不大一樣了。學生們到這裡來爲設計和論文查資料，像當年那樣爲了求知的快樂而徜徉在書海中的時候少了，以至於許多的書躺在書架上蒙了塵。學生們更喜歡的是圖書館裡的自習室和閱覽室，把課本和筆記帶了進去，在安靜清幽的環境裡做作業、溫功課。這也許眞不能只怨學生不讀書，像清華這樣的學校，功課應該再少一些，否則眞是可惜了這大好的圖書館。

5　荷塘月影，搖曳詩人愁緒

溶解在碧水中美麗的文字，是您深沉無比的情懷……

「沿著荷塘，是一條曲折的小煤屑路。這是一條幽僻的路，白天也少人走，夜晚更加寂寞。荷塘四面，長著許多樹，蓊蓊鬱鬱的。路的一旁，是些楊柳和一些不知道名字的樹。沒有月光的晚上，這路上陰森森的，有些怕人。今晚卻很好，雖然月光也還是淡淡的。」

…………

「曲曲折折的荷塘上面，彌望的是田田的葉子。葉子出水很高，像亭亭的舞女的裙。層層的葉子中間，零星地點綴著些白花，有嫋娜地開著的、有羞澀地打著朵兒的；正如一粒粒的明珠，又如碧天裡的星星，又如剛出浴的美人……」

…………

「……月光是隔了樹照過來的，高處叢生的灌木，落下參差的斑駁的黑影，峭楞楞如鬼一般；彎彎的楊柳稀疏的倩影，卻又像是畫在荷葉上。塘中的月色並不均勻；但光與影有著和諧的旋律，如梵婀玲上奏著的名曲。」

這就是因朱自清先生一篇《荷塘月色》而聞名天下、流芳百世的荷塘。時候尚早，荷葉還沒有長起來。

　　這是多麼優美的文字，又是我們多麼熟悉的文字。

　　在中學時，我們都讀到過它，老師也都是懷著那樣的詩意教我們去體會自然的美景和人複雜的心情。當時我們在讀到這樣的文字時，有誰沒有嚮往過有那麼一天，能夠到清華園去親眼目睹一下文中帶著些迷惘憂傷的月色、聞到那沁人心脾的荷香、聽到

那優美而縹緲的歌聲呢？

　　看了《荷塘月色》之後到親眼見到清華園的荷花池之前，我看無論什麼地方的月下荷塘，都會拿它和想像中的清華荷塘相比較，於是再美的荷塘月色也不能夠讓我滿意了。

　　第一次上清華園的時候，其他什麼也不找、什麼也不看，逕自向人打聽了《荷塘月色》的所在地，帶著些瘋狂般地奔了過去，不經意間看見爲我指路的人嘴角的笑容，似乎帶著些同情。

　　荷花池就在清華圖書館以南不遠的地方。記得第一次上這裡來時，正好是繞過了圖書館。圖書館額外地把我征服了一把，然後我對荷花池的期望就越發地高了。

　　但是當眞看到荷塘的時候，不免眞的是有些失望。荷塘比想像中小了許多，眞是一個小水塘，正好在工字廳的後面，只不過就是屋後的水池而已。那個時候正是秋天，荷葉已經殘敗了，一切都不是散文中描寫的那樣。

　　當時十分淺薄的我沒有太多的駐足，便失望地離開了。之後到清華，大多是看別的東西，有點不太敢到荷塘附近去了。

　　有一年的夏天，那夜的月色正好，皎潔明亮得有些不眞實。我的心緒很是不好，而且這種莫名其妙的混亂感和無助感已經持續了很長的時日了。我既害怕熱鬧，獨處時也很膽寒。大學的生活原來並不是像它表面看上去那麼快樂和精彩，而且在心中承受著自己世界的垮塌，徒勞無功地收拾斷瓦殘垣。想重建一個自我的安寧世界，卻分明知道沒有什麼希望，至少是在當時，這的確不太可能，因爲該垮的還沒有全塌下來。

　　那夜，我突然想到了荷塘——清華的荷塘，想到了朱自清先

生說的「什麼都可以想，什麼都可以不想」，想到了他那種「這幾天心裡頗不寧靜」、「這令我到底惦著江南了」的感受。

我來到了荷塘。

那夜，這裡與初次相見時如此不一樣。我看到了亭亭玉立的荷花，聽到了清風吹來時荷葉輕搖的聲音，聞到了融在如洗的月華中淡淡卻悠長綿延的清香。

我看到月下荷塘似有煙霧瀰漫，渺茫、隱約、朦朧，不知道為什麼，我的眼睛濕潤了，彷彿這多日無病呻吟的痛苦，竟被一對善解人意而又溫柔靈性的眼睛洞悉了，我不再需要繼續那種在人前假裝的若無其事，整個人可以和在夢裡一樣真實。啊，是啊，這裡難道不是夢境嗎？朱自清先生▪屢屢地用「籠著輕紗的夢」、「小睡」、「酣眠」、「渴睡人的眼」這樣的字眼和辭彙，莫不是當時他的心也是這般的糾纏難解？難道，多愁善感的他不正是感到了這「現實」世界與「夢」的世界的對立和糾纏，靈魂掙扎的淒苦在這月下可以得到暫時的緩解嗎？

我的愁緒是為了什麼呢？我說不清。

而朱自清先生的愁緒，我或許知道。他是一個懷著崇高價值關懷的文人，對於這樣的學者和文人，最大的彷徨和痛苦莫過於

▪朱自清（1898～1948），字佩弦，現代著名詩人、散文家、學者。江蘇省東海縣人。1920年畢業於北京大學哲學系。1925年任清華大學教授，轉而從事散文創作，成為現代著名的散文作家。1931年留學英國、漫遊歐洲，次年回國，仍至清華大學任教授。抗戰期間，在昆明西南聯大任教。1948年8月12日病逝於北平。朱自清是文學研究會早期主要成員，一生勤奮，共有詩歌、散文、評論、學術研究著作二十六種，約二百多萬字。散文代表作有《荷塘月色》、《背影》、《綠》等。

清華中文系1948年級合影（二排中為朱自清）

自我精神與現實世界的對立了。敏感的他在那個時代已經明確地
意識到，就像錢理群先生分析的那樣，「發現與重視『個人價值』
的時代已經結束，在社會政治革命中，『一切的價值都歸於實際
的行動』與『理智的權威』，『想別出心裁，是不行的』。由此而
產生了朱自清所說的『性格與時代的矛盾』：一方面，他看到這
是一種時代的、歷史發展趨向，是創造一個新世界的必要歷程，
不僅勢所必至，而且勢不可擋；另一方面，他卻要固守知識分子
的『自我』追求，不願『革自己的命』，即改變（改造）自己，因
而產生了被毀滅的恐懼：『那些人都是暴徒，他們毀掉了我們最
好的東西——文化』」。

荷塘的周圍是蔥蘢的綠樹和草地。在岸邊愜意地走著，不經意中能夠邂逅這樣美麗的小花，讓本來就很舒暢的心情錦上添花。

　　只有真正的文人才有這樣的關懷，也才有這樣的矛盾和掙扎，於是才感到了這難解的痛苦。

　　我不是文人，但大學的我們都感到了這樣的「夢境」與「現實」的對立，不知道到底應該改造世界還是改造自己，也不知道到底應該如何改造自己，更不知道自己能夠被改成一個什麼樣子。

　　來到這荷塘，感到了親切，畢竟曾經有過一位偉大的人比我痛苦得多。然而，我知道朱自清先生的心靈雖是如此的掙扎和矛盾，但是在生活中他卻是那樣的有原則，一點也不含糊。

　　我明白了，人得學會在夢境與現實之間生活，不要急於掙脫它們其中的任何一個。也許這正是一種最平常和最經常的生命狀態吧。

　　從那荷塘回來之後，我開始學著適應這樣需要時時尋找平衡的生活了，並且也在快樂和痛苦中豐富著。

　　之後，每一次，我來到清華園，必要到荷塘去。每一次見到的光景也都不一樣，但卻次次有它獨特的美麗，值得人玩味和解讀——它曾經包容和解讀過多少人和多少種的情緒，而受此恩惠

的人也會試圖去欣賞和瞭解它。

在荷塘東岸上，原本有一座古亭，爲了紀念朱自清先生逝世三十週年，這座亭子起名爲「自清亭」。亭子四個簷角飛起，使這個古亭顯得頗爲輕盈。在荷塘北岸臨水的一片地上，坐落著朱自

朱自清先生無論其文字、學問還是人格，都是值得後世代代傳誦和紀念的。清華為曾經擁有這樣一位有氣節的文豪而驕傲，並把古亭修葺一新，命名為自清亭。

清先生的雕像。這與我想像中的朱自清先生簡直一模一樣，只是年輕了些。他看上去如此清瘦而憂慮、儒雅而剛毅、文弱又堅忍，恰是朱先生的性格和人格應該有的一個物質載體。他的長相使他在歐洲的時候，常被別人問到他是不是日本人，或許是因為太儒雅、太嚴肅的緣故。

朱自清先生的雕像正好位於臨水的低地上，他清瘦的身體和憂鬱的神情，便是觀念中中國文人典型的樣子。

朱自清先生在清華大師雲集之時，仍然是一位很引人注目的教授，知名度也因為其散文的膾炙人口而令別的學者無法與之相比。

吳晗說他是：「小心、拘謹、溫文爾雅，從來不會屬色疾言。」

楊振聲說他：「那麼誠懇、謙虛、溫厚、樸素，而並不缺乏風趣，對人、對事、對文章，他一切處理得那麼公允、妥當，恰

到好處。他文如其人，風華從樸素中出來、幽默從忠厚中出來、腴厚從平淡中出來。」

朱自清是北大的畢業生，後來卻在清華效力，所以兼得了北大的才氣和清華的嚴謹。他的散文空靈又厚重，他的爲人幽默又拘謹，這都是與他得兩校的精神而分不開的。

朱自清先生一生過著淡泊而清苦的生活，早年家境貧寒，到清華任教之後，因爲生活負擔重，所以也不富裕。在昆明聯大時期，冬天的時候，朱先生無錢縫製棉袍，只好買了一件趕馬人穿的氈披風，穿到學校裡，頗是引人注目。

從對岸看水木清華的亭榭，在垂柳的掩映中，尤其是它前面潔白的欄杆和一直延伸到水面的階梯，份外美麗。

流水從山上流下來，形成層層的水簾，濺起的水花把周圍好遠都浸潤了。在這幽靜的地方，這是唯一活潑之處。

這精緻到煩瑣的圍牆裡面究竟是什麼呢？它位於風景旖旎的荷花池畔。它可是個重要的地方，到那兒就知道了。

　　但是，朱先生的傲骨卻是廣為人知的。一個人要在貧寒中仍能保持錚錚傲骨，實在是一件很不容易的事情。然而，朱先生毫不猶豫地拒絕了政府當局請他做官，又為了抗議美國而拒絕購買美國的平價麵粉。

　　1948年，朱先生在病痛和貧寒當中與世長辭。

　　與朱自清先生的雕像隔岸相對的就是著名的水木清華。這是一座臨水而建的清代建築，上面的匾額大書「水木清華」四個大字。

　　我向它走了過去。當年圓明園的大火燒毀了近春園，然而此處卻幸而免遭一劫，仍然是乾隆爺筆下的「水木清華」。不過，今天早已經是星移斗轉，此處又有多少是當年的光景，卻也未可得知了。

　　正往水木清華的近處走時，路過一處塘邊的潺潺流水。只聽那流水的聲音就足以讓人神清氣爽起來，不由得湊近了去看，只見疊疊上疊的石頭之上，不知道是何處流下來的清水，一瀉而下。那水簾被不規整的石頭劃破了，順著層層的石階曲折悠緩地往荷塘中流了進去。那水中石頭厚重的濕潤感是如此的清涼動人，那光滑而跌宕的水面和優美抒情的波紋、那入池之前在石頭之下濺起的水花，全都把美好而舒暢的感覺注入了我的心中。

　　走在一條只可容得下一個人的湖邊羊腸小徑上，北面的樹蔭和南面的圍牆讓它顯得更為狹窄。然而還有幾位白髮的老人坐在小道旁的柳蔭湖畔之下，輕聲緩慢地談論著什麼，大概是在回憶當年的故事，因此有幾個過路的年輕人被吸引了，忘了還要往前行走，駐足在老人們的身邊，靜靜地聆聽。路被擋住了，往來的

水木清華的遺址，還是大氣的皇家派頭。

細細地一看，這房子實在精緻。頭頂上高懸著「水木清華」，兩邊掛的是一副對聯。

在欄杆外看著這一池的清水和上面正在生長的荷葉,還有那水中的倒影,毋庸置疑是一種享受。

左圖:窗中的雲影,如此地清楚;樹木不但蔥蘢,而且憑添了一種特殊的光澤,怪不得在對聯裡特別提到了這樣的一景呢。

下圖:水木清華的旁邊就是一座小橋,上面雕著的荷花,正在珍惜時日地盛開。

人們也只得停在那裡，聽著老人的談話，一會兒便也忘記了其他。人越聚越多，老人們終於發現了這引起的交通問題。一位頗有些仙風道骨的老人站起身來，揮了揮手，說了聲「聞道者不擋道」，於是眾人笑著散去，各向兩邊走了。

來到水木清華前，直下了白玉欄杆斷開處的臨水臺階，然後才轉過身來，看著這綠水藍天之下的著名去處。

在「水木清華」的橫額之下，有一副對聯，寫的是：

檻外山光歷春夏秋冬萬千變幻都非凡境，
窗中雲影任東西南北去來澹蕩洵是仙居。

於是我轉回身去，看那檻外的風光：迎面是一座秀氣的小山，參差的大樹頂著白雲飄浮變幻的藍天；腳下是一池的碧水，漣漪蕩漾，亮光跳動。果然「都非凡境」啊！

我上了石階，向那水木清華走去，因為我想再看看那窗中的雲影。真是一點不假，在古樸的鏤花大窗戶上，明亮的玻璃中，那悠悠的白雲在如此雅致地遊動著。真不知道，若是身居此處，清晨、黃昏之時，推開這窗戶，隔窗仰頭看那藍天，又會看到怎樣的美景呢？

再往東走吧，過了一座精巧可愛的小橋，就繞進了一片林深幽靜的地方。自清亭的後面不遠處有一座小山坡，在茂密的叢林中，有一座小亭若隱若現。那又是一座什麼亭子呢？

小山坡的腳下又是一座雕像，一位一臉憂患的先生手持菸斗坐在一扇大理石的屏風前，眉頭緊皺地在思索著什麼。在他身後

聞亭原來是校內的一
座古亭，為了紀念聞
一多先生而命名。

聞亭坐落在高高的土丘上，處
於花木的深處。亭子裡有一口
鐘，當年也是報時用的，如今
自然已經成了一處純粹的景
觀。

聞一多先生紀念園。先生正手持菸斗，憂慮地思考著國家民族的命運，一臉的憂國憂
民。雕塑的底座上寫著：「聞一多，詩人學者烈士」，雕塑背後的大理石牆上是聞一多
先生的話：「詩人的天賦是愛，愛他的祖國、愛他的人民。」

流亡中的清華師生（中蹲者為聞一多）

清華歷史上有許多的有識之士投入到為民族振興的政治運動中，不惜犧牲自己的生命。
為了紀念他們，清華在荷塘北面的小山上建了紀念碑。

聞一多先生發表在《1921年清華年刊》〈集錦〉專欄上的畫，圖為一熟睡之人夢見生花之筆。

的屏風上寫著：「詩人的天賦是愛，愛他的祖國、愛他的人民。」

應該知道了，這憂慮的先生眉頭是爲他的祖國和人民而緊皺著，他心中的惆悵是爲了他深愛的土地和山水。

他就是聞一多先生[2]。

在老清華人的印象裡，聞一多先生的模樣大概是如此：「中等身材，消瘦的面龐，兩道濃黑的劍眉，一雙在眼鏡裡閃爍的炯炯有神眼睛——唉，不要忘了，還有一頭整年不梳的長髮——那個嘛，就是聞先生深沉的面容了。」

聞先生的學問是沒得說，在清華講《詩經》和《楚辭》，都能講得五彩斑斕卻又明瞭之至。聞先生是詩人，不但寫詩，對詩歌的研究也極爲深入。他做學問是非常勤奮的。在西南聯大的時候，他除了上課教書之外，就成天把自己關在小閣樓裡埋頭研

[2] 聞一多（1899～1946），原名亦多，族名家驊，湖北浠水人，1899年11月24日出生於一個書香世族的家庭。1912年冬，考入北京清華學校，在清華度過了近十年的求學生涯。1922年7月赴美留學，先後在芝加哥美術學院、珂泉科羅拉多學院美術系，和紐約美術學生聯合會接受西洋美術教育。1923年9月，出版了第一本詩集《紅燭》。1932年秋，聞一多回到闊別十載的母校清華大學，任中國文學系教授。在西南聯大時期，積極參與社會政治活動，1946年7月15日，聞一多繼李公樸之後，在昆明被國民黨特務暗殺殉難。

究。其他的先生們相邀出去散步，他卻總是閉門不出。後來同事們就送了他一個雅號——何妨一下樓主人。

但是聞先生更廣爲人知的不是他學者的身分，而是他作爲民主鬥士的不屈不撓。他認爲詩人首先應該心懷天下，沒有這種關懷，就不能寫出眞正的詩歌，也不會是眞正的詩人。他原來對政治相當冷漠，想與之隔得越遠越好，但1943年之後，他加入了中國民主同盟，熱心於中國的民主運動，爲之奔走呼號，以致付出自己的生命。

就在聞先生遇刺之後，與西南聯大分解之後的清華大學重新回到了清華園。爲了紀念聞一多先生，學校把工字廳後荷花池畔的一座古亭重新修葺之後，命名爲「聞亭」。

我順著高高的臺階，走上了小山坡，在那頂端就是聞亭了。聞亭由中國著名古建築學家梁思成設計，古韻十足。在亭子內懸掛著一口大鐘，曾經從這裡發出的悠揚晨鐘和晚鐘聲，在整個校園的上空迴蕩。

6 先生之風，山高水長

忘不了您身上最璀璨的星光……

　　在如今人們的心中，清華是一所理工院校。因此說到大師，便會很自然地只想到科學家。說起像聞一多、朱自清這樣的詩人也在清華任教過，不免有些意外。其實，清華在解放後、全國大學院系調整之前，並非是一所純理工類的大學，而是以培養通才為目標。

　　清華的歷史有太多太多可講之處，水木清華也因為她擁有過和擁有著那麼多的大師而真正具有無窮的魅力。

　　清華大學和中國其他大學歷史的不同之處，主要在於她曾經是一所留美預備學校，學校的風格和學科的設置都有很大的差異。

　　清華學堂成立之後，在教學上就分作了西學與國學兩個部分，課程的設置也仿照美國的模式。西學部非常受到重視，中等科時就進行嚴格的英語訓練，到了高等科的時候，就要直接學習美國大學中的一些課程，包括自然科學、社會科學和人文科學的基礎課程。然而國學部並不受到重視，它只開設國文、中國歷史

和中國地理，不但課程甚少，而且上課的時間都在下午。學生的作息時間也是美國化的，因此沒有午休的安排，所以下午的課堂上，學生的精力總是最差的。「學生過了午刻，把西學課交代完後，便覺得這一天的擔子全卸盡了，下午的國文課，只好算是雜耍場、咖啡館。」而且，那個時候國學部裡的先生們，也多是前清的科舉人士，思想迂腐、語言無趣，學生非但不願意聽課，心裡也是看不起這些先生們的。潘光旦曾經說到那時候國文課的情形：「午後的課堂生活和午前的完全成個對比。午前是整齊、有序、緊張，而不礙活潑；一到午後，同一批人、同一教室，卻是混亂、浮動、鬆懈，而死氣沉沉。打瞌睡之外，有看小說的、寫家信的，有吃花生米的，更有在點過名以後，就跳窗逃走了的……。」

在清華還流傳著早期國學部裡的兩個笑話。話說有一次，一位先生在課堂上講詩詞，說到「人比黃花瘦」的時候，一名學生

清華國學院導師王國維、梁啓超、趙元任、李濟等合影

難以置信的在下面問道：「人比黃花還瘦？」先生卻只是說：「只可意會，不可言傳。」調皮大膽的學生就直接問道：「既然只可意會，不可言傳，那要您在這兒幹麼？」先生實在尷尬得下不了臺。學生們還覺得意猶未盡，在「人比黃花瘦」的後面對了一句慘不忍睹的下句：「豬比地瓜肥」。又說汪鸞翔先生是國學部裡的教員，總用他那結結巴巴的貴州口音對著亂糟糟又心不在焉的學生講課，發現學生們對自己的課如此不感興趣，深為遺憾，說：「有人說，國文課沒趣味。國文怎麼會沒有趣味，趣味就在其中了。」但當時清華的學生卻把這句苦口婆心之言全當了笑話。

「人文精神於清華是一奢侈品。」常聽清華的人這樣感慨說。然而，其實在清華的歷史上，曾經有過一段時間，出現了人文極其輝煌的情景。那時候的清華人文情況可謂是「長劍如花，白衣勝雪」。

那時的曹雲祥校長完全清楚國學部一直以來的慘澹狀況，決心改變它。他授命國學部主任吳宓先生尋訪天下之國學名士，用誠摯之心和豐厚的待遇請進清華來。一時間，清華聚集到許多極為耀眼的人文巨匠。

「衣帶漸寬終不悔，為伊消得人憔悴。」王國維先生■用這句詩來形容成就學問必得要經歷的艱辛，和必須要具備的執著。

「眾裡尋她千百度，驀然回首，那人卻在燈火闌珊處。」王國

■王國維（1877～1927），浙江海寧人。從事戲曲史、詞曲研究，成績卓著。又治甲骨文、金文。任清華研究院教授。著有《王靜安先生遺書》，其《人間詞話》在學界影響深遠。五十一歲時，因傷心世變，投頤和園昆明湖而死。

位於一教不遠處的
王國維先生紀念
碑。他的自沉昆明
湖，也許於他自身
是一種解脫，但卻
給中國的學界留下
了永恆的悲傷。

維先生又是這樣描繪求學中的趣味、驚喜和幸福。

　　這位精通英文、德文、日文的學者，在研究中國宋元戲曲史
中獨樹一幟的大師，這位用西方文學原理批評中國舊文學的第一
人，爽快地答應了吳宓的請求，來到了清華。

　　王國維先生又怎能拒絕吳宓呢？這位畢業於哈佛的主任到王
先生的家裡，行的竟是三叩首的大禮。吳先生之謙遜和清華求賢
若渴之心讓靜安先生深為感動。

不幸的是，心憂天下的靜安先生後來自沉了昆明湖，惟留下《人間詞話》傳誦千古。

在清華學生的記憶中，梁啓超先生總是雙目炯炯，走起路來昂首挺胸。當年吳宓受命為國學研究院招兵買馬的時候，首先找到了胡適。然而胡適卻自謙為沒有資格，當下為吳宓推薦了三個人，第一位就是梁啓超，第二位是王國維，第三位是章太炎。章太炎先生拒絕了吳宓的邀請，梁啓超卻爽快地答應下來，走入了清華園。

梁啓超■的一口廣東官話給學生們的印象很深。他講課聲如洪鐘，而且感情非常豐富。他的記憶力超人，手一敲腦殼，就能夠連續不斷地背誦詩詞，長篇長篇的，令人咋舌。梁啓超素來善於演講，說起話來也和他的文章一樣，氣勢磅礴，一瀉千里，讓人為之激動振奮。

但是不久之後，梁啓超先生卻因為醫療事故，生命處於極度危急狀態。他在協和醫院做腎臟手術，但是美國的醫生卻把他的好腎給切了。梁先生卻沒有聲張這件事情，默默承受了所有的痛苦和生命的枯萎。徐志摩要把醫院告上法庭，但梁啓超先生制止了他。他不要任何賠償、不要任何道歉，因為他想保住西醫在中國社會上的聲譽。在當時，西醫剛傳入中國不久，中國人並不相信西醫，而梁啓超堅信西醫的來到有助於中國人的健康，不願意因為一次的醫療事故而讓中國人對西醫不信任。

1929年初，梁啓超先生與世長辭，中國近代歷史學界中的一

■梁啓超（1873～1929），廣東新會人，近代中國大學者。早年與其師康有為一起宣導變法維新，晚年任清華國學研究院導師。著有《飲冰室合集》。

顆巨星隕落了。

　　被尊稱爲「大師之大師」、「教授之教授」的陳寅恪先生[3]也來到了清華。陳先生出身名門，父親陳三立與譚嗣同、陶謙、吳保初一起，被稱作清末「四大公子」。陳寅恪先生從十三歲開始海外遊歷，遍尋著名大學和著名藏書處，很像是古希臘哲人的求學方式。但是有意思的是，陳先生前前後後在十幾所大學裡念過書，卻非但沒有得個什麼碩士、博士的頭銜，便是連大學的文憑也沒有眞正拿過。他對這種外界的認證素來不感興趣，總是漠然處之。也許他本身就是學問的標誌，哪裡還需要什麼一張證書的肯定。就如同伏爾泰（Voltaire）的墓碑上根本不用刻上任何的頭銜，僅僅只有「伏爾泰」這樣一個名字就夠了。

　　陳先生當年進清華，是梁啓超先生鼎力推薦的。曹校長因爲陳先生沒有文憑，很是猶豫，竟把個謙謙君子的梁先生給惹火了，因爲在他的心中，委實對陳先生敬重得很。

　　三、四○年代的時候，在中國的學術界，尤其是在文史學界，正好是「土學者」和「洋學者」們相互看不起的時候，但卻沒有人不推崇陳寅恪的，因爲他不但國學底子深厚，對西洋的觀

---

[3]陳寅恪（1890～1969），江西修水人，十三歲和十五歲兩度留學日本，1909年畢業於上海復旦公學，1910年入德國柏林大學，後就讀於瑞士蘇黎世大學、法國巴黎大學、美國哈佛大學。1921年再度赴德國，進柏林大學研究院，1925年回國。前後十五年時間，他研習了世界各國語言三十餘種。1925年受聘清華國學研究院，由德國回國，1927年到校任導師。1929年國學研究院結束後，他爲清華大學歷史學系與中國文學系合聘教授。1932年後亦爲哲學系所聘。其治學方法爲「考據之學」，其風格爲「融會中西，一以貫之」，主張「中學爲體，西學爲用」之說。主要著作有《隋唐制度淵源略論》、《唐代政治史述論稿》、《元白詩箋證稿》、《柳如是別傳》、《論再生緣》等。

國學大師陳寅恪在寓中授課

點和研究方法也是深得要領。他竟然一共通曉二、三十種文字，連巴利文、暹邏文等生僻的文字和許多中亞地區的死語言，他也能不費力地解通。他記憶力超常，能夠背誦《十三經》，對《二十四史》也是滾瓜爛熟。因此，實在是沒有人有膽量和理由來詆毀和蔑視他。

清華因為有這麼一位國寶，不久就深深引以為傲了。陳先生的身體一直不好，學校就把他的課都安排在上午二、三節，所以只有三年級以上的學生才能有機會去聽他的課。學生們對他也極為愛戴。當看他以虛弱之身抱了沉沉的教學參考書進教室的時候，他們看著也就不忍心了，下課時學生要替他抱回教員休息

室，他卻又絕對不肯勞動學生們的「大駕」。他講課一講到需要引證的地方時，就會在黑板上板書資料，寫滿一黑板的時候，又擦掉再寫。學生們生怕那粉筆灰影響了先生岌岌可危的健康，所以每每總是主動去擦掉。

陳先生治學嚴謹、教學認真，然而在生活上卻也是一個很有趣的人。在1928年的一天，剛上任的清華校長羅家倫去拜訪陳寅恪，談話之間，送給陳先生一本書《科學與玄學》，乃是羅校長的著作，講的是文壇上張君勱和丁文江辯論的一段往事。陳先生看了一看，笑道：「我送你一聯如何？」羅校長一聽十分高興，急著要張羅去買紙、買筆，讓陳先生大書他的對聯。陳先生說：「不用了，你聽著：不通家法科學玄學，語無倫次中文西文。」羅校長一聽，不禁大笑起來。陳先生又說：「我再送你一個匾額：儒將風流。」羅校長笑問何故，陳先生說：「你在北伐軍中官拜少將，不是儒將嗎？你討了個漂亮的太太，正是風流。」

陳先生因為學問深奧，所以有時行事也不免與眾不同，令人一時難以接受。據說陳先生在講白居易《長恨歌》的時候，只講到第一句「漢王重色思傾國」的時候，因為本是唐朝時候的事情，詩人卻在此說作「漢」，因此，陳先生為了考證這個「漢」字，竟然不厭其煩，旁徵博引了足足四堂課，令學生們難以消受。這可是清朝的腐儒講經的風格，當時已經接受美式教育多年的學生怎麼能夠習慣？又怎麼能夠想像自己留學國外多年的老師居然會這樣一字萬言？又有一次，同樣是講《長恨歌》，陳寅恪先生一開講就來考證楊玉環是否以處女之身入宮，這讓很多慕名前來聽講的人都深感無聊和失望，直到陳先生以此為引子，講起了

唐朝的婚禮制度，方才明白先生的用意，從驚駭當中解脫了出來。

陳先生在爲王國維自沉所作的銘文中寫道：「先生之著述或有時而不章；先生之學說，或有時而可商；惟此獨立之精神、自由之思想，歷千萬紀與天壤同久，共三光而永光。」陳先生是中國最具獨立精神的學者，可以在任何時候都力求保持學者超然的態度，盡力不受意識形態的左右，哪怕爲此付出代價和經歷磨難。

當時清華國學院的四大導師，除了梁啓超、王國維和陳寅恪之外，還有一位就是語言大師趙元任[4]。

趙元任通曉中國各地的方言，精通英文、德文和法文，對日文、希臘文、拉丁文和俄文也不陌生。他到中國的任何一個地方，都可以操著地道的當地方言與人交談，沒有人能從說話上聽出來他是外地人。他到法國去的時候，在巴黎就說巴黎口音的法文，還帶著很多當地色彩濃厚的俚語，任何人都以爲他是地地道道的巴黎人。他到柏林，又可以用地道的當地口音和當地人聊天，住在他附近的老人對他說：「上帝保佑，你躲過了這場大災

---

[4] 趙元任（1892～1982），原籍江蘇武進，生於天津，字宜重。1915年入美國哈佛大學就讀，獲哲學博士學位，並遊學法、德、英等國。1925年後任清華國學研究院教授、中央研究院歷史語言研究所研究員，致力於國語運動和漢字改革，是國語羅馬字的主要制定者之一。1938年赴美國講學，後加入美國國籍，先後任夏威夷大學、耶魯大學、哈佛大學、加州大學教授。曾任美國語言學會會長、美國東方學會會長。1981年任北京大學名譽教授。在語言學方面造詣很深，通曉中、英、德、法等多種語言，並運用現代語理論和科學技術研究語言文字、漢語言、漢語方言和漢語語法，頗多建樹，在學術界享有盛譽。同時，他對音樂、哲學、數學、物理學等也頗有研究。

趙元任1910年設計的賀年卡

難，平平安安地回來了。」

　　仔細研究語言的人，都能發現語言中美妙的韻律，與音樂有許多共同的地方。趙先生不但是中國語言學的奠基人，還是中國近代音樂的先驅。他的父母都是江南昆曲名票。他從小就熱愛音樂，在音樂上也有很深的造詣。他經常自己寫歌、演奏樂器，還組織過琴韻歌聲會。

　　提到怪人，人人都會以為只有北大才是勝地，彷彿北大申請過產怪傑的專利，並早已經獲得通過。不過，當時北大和清華的教授往往有些互通，很多人在北大做過教授，也在清華當過老師。三〇年代的清華裡，有一人怪到「技壓群怪」，這個人就是劉文典[5]。

　　劉文典先生是我國歷史上影響很大的文史大家，他不僅學識淵博，而且一生極具傳奇的浪漫色彩。他年輕的時候師從名門，

[5] 劉文典（1889～1958），語言學家。字叔雅，原名文聰，安徽合肥人。劉文典畢生從事高等教育和學術研究，在校勘方面成績尤為顯著。

先後得過陳獨秀和劉師培的教誨，思想上西化起來；有了西方的哲學思想和方法，又接受了民主的理想，於是做起反清的事業來，加入了同盟會。來到了日本，一邊留學，一邊與反清的留學生共商大計。辛亥革命之後，回到中國，辦起了《民立報》，革命理想仍然強烈。後來革命失敗，國內混亂之時，他流亡日本，成了中華革命黨的骨幹。袁世凱倒臺之後，他再次滿懷激情地回國來，但是在混亂的政局中仍然無法看到希望。他內心苦悶之至，心灰意冷之後，便從政治中退了出來，專心學問，先在北大做了文科的教授，後又到安徽大學做校長。怎奈他的脾氣剛烈，當面罵了蔣介石，蹲完大牢之後，又回北大教書，後來轉到了清華。

劉先生恃才放曠，留下了許多的小故事。

在西南聯大時，劉先生講《紅樓夢》，慕名前來聽講的人太多，逼得先生換了三次教室才能夠安頓下來講課。劉先生身穿長衫登上講臺，優雅從容地坐了下來。慢悠悠地飲了一口茶後，突然間霍地站起，像說「道情」一樣有板有眼、抑揚頓挫地說道：「只、吃、仙、桃、一口，不、吃、爛、杏、滿筐！仙桃只要一口就行了啊！……我講紅樓夢嘛，凡是別人說過的，我都不講；凡是我講的，別人都沒有說過！今天給你們講四個字就夠了！」說著在小黑板上寫了「蓼汀花漵」四個字，然後解釋道：「元春省親大觀園時，看到一幅題字，笑道：『花漵』二字便妥，何必蓼汀？花漵反切為薛，蓼汀反切為林。可見當時元春已意屬薛寶釵了……。」

劉先生是位至情至性之人，絕不說違心的話，若是討厭了誰，那張嘴巴和那態度，卻真是叫人吃不消的。

西南聯大紀念碑。西南聯大也是清華大學歷史上一段重要的時期，在與其他兩所著名學
府融為一體的時候，清華也為增加自身的魅力而吸取了不少難得的養分。

　　有一次，有人談到巴金和他的《激流三部曲》，言語之間很是
推崇，又問劉先生怎麼評價。劉先生想了一會兒，直接說道：
「我沒有聽說過他，我沒有聽說過他。」其實並非是他果真孤陋寡
聞，不知道文壇有這麼一人，只因為他從心底裡看不起搞新文學
創作的人，不願意承認這種人的名氣罷了。

　　在西南聯大的時候，他心裡很看不起中文系裡一位身為作家
的教師，其蔑視之強烈，恐怕把他自己的心也折磨得夠嗆。當他

知道聯大要把這一作家升職為教授的時候，竟然怒不可遏，叫嚷起來：「陳寅恪才是真正的教授，他該拿四百塊錢，我該拿四十塊錢，誰誰誰該拿四塊錢。可我不會給這個人四毛錢！他要是教授，那我是什麼？」他也隨時不憚當面表達這種輕蔑，有一次跑空襲警報的時候，他看到那位老師也在往山丘那兒跑，便轉身劈頭蓋臉地說：「我跑是為了保存國粹，學生跑是為了下一代的希望，可是該死的，你跑什麼啊！」

　　劉先生是性情中人，所以也必定愛國至深。「九‧一八」事變之後，他上課時一定會插上對局勢危機的評論，還分析日本侵略中國的險惡用心和最後想要達到的目的。「七七」事變之後，劉文典留在北平之時，周作人曾經多次受日本人之命來邀請他前去籌劃和加入偽政權。劉文典斷然拒絕，日本人惱羞成怒，不再對他客氣，多次搜查他的住宅。劉先生原本精通日語，可是在日本人面前卻一句日文不說，因為他鄙視仇恨他們，覺得說這種野蠻人的話真是一件再恥辱不過的事情。他說：「國家民族是大節，馬虎不得，讀書人要懂得愛惜自己的羽毛。」

7 綠茵上，瀰漫著柔情蜜意

誰說您沒有浪漫了⋯⋯

　　離開了荷花池，向東北方向信步走去。陽光已經是這樣的明媚了。午間，學校的人總是多的。讓我覺得有意思的是，清華的學生很喜歡一邊走一邊唱歌，而且今天從我身邊前前後後走過去的幾個人，不管是男是女，竟然都是高聲大氣地用美聲唱法旁若無人地抒著情，臉上還有表演的章法。我正在一邊欣賞一邊好笑，又來了一名男生，同樣鼓著腮幫子，一連數遍地高唱著「教我如何不想她」這一句，動情無比。看見我奇怪的眼神，他停了下來，有些不好意思地說：「我們剛練聲回來，是合唱團的，情緒還沒有完全下去⋯⋯不好意思⋯⋯。」

　　我看小伙子的臉已經紅了，心裡很歉疚，趕緊說：「其實很好聽，只是⋯⋯沒有想到清華⋯⋯這麼浪漫⋯⋯。」

　　男生突然笑了，說：「哪裡有年輕人，哪裡就有浪漫，同意嗎？」

　　「同意，」我說，「可是，清華的人都很忙⋯⋯。」

　　「該忙的時候是這樣的。」男生說著，神情突然變得有些奇

怪，「你上北院去看看，一點也不比你們北大未名湖的收斂。」

　　咦，他怎麼知道我是北大的。睿智？或是我很北大？

　　不過，他這話到底是什麼意思？我倒要去北院看它一看了。

這裡原來有朱自清先生的居處，本來是一片未開發的地方，後來把它建成了一個曲徑通幽的花園，供學生們休閒娛樂。

　　我挑了一條偏僻的路向北院走去。北院原來僅僅有一座朱自清的故居，現在被修成讓學生來休閒的松竹梅園。我知道那是一個大園子，有草地、有山坡、有小路、有奇石，可我真不覺得有這些東西就能夠構成浪漫。浪漫嘛，主要是指愛情的啦。

　　過了一座別致的小橋，從古舊的房屋後面繞過去，就是那個沒有任何圍欄的園子了。在入口處，有一塊大石頭，上面刻著李政道先生的一首不是詩的詩。他用「清華博士後」

橫跨小河的橋，修得很像吊橋的樣子，在清華大學裡，這個樣子的橋也就這麼一座。

這是清華九十週年校慶的時候，清華博士後們立在北院的一塊大石頭，上面是李政道題寫的文字，豎著看第一行就是「清華博士後」幾個字。

五個字打頭，編了這麼些文字：「清水滋潤學府，華木擎起輝煌，博采科學精神，士當為國爭光，後輩足能居上。」很典型的科學家語言和科學家的壯志情懷，可是我也沒有看出字裡行間的什麼浪漫情調來呀。

　　從石頭旁邊一條迂迴的小路走進了園子。左邊是茵茵的草地，上面種了些姿態可人的大樹、小樹。我看了過去，在草地中央的空地上，擺放了不少的桌子、椅子。難道這就叫浪漫嗎？不對呀，那桌椅的大小和放置的樣子，怎麼連閒散的感覺都沒有，

像清華這樣的學校，校園裡的建築和風光幾乎處處皆可入畫。不經意間一瞥，便可以看到這樣的小樓，藏在不顯眼的地方，卻獨具風采。

清華就是清華，連休閒娛樂的地方也要中規中矩，這些石桌、石凳排列之整齊，簡直像露天的教室。

更不要說有談情說愛的氣氛了。其實，那簡直就是一個露天自習室。方方正正的桌子四面都有一把小獨凳，除了有一兩桌三、四個人面色嚴肅地談論什麼之外，其他的桌邊都是埋頭苦讀的人，有的甚至疲倦了也只是趴在書上打個盹兒。這樣的學習精神真是讓人佩服不已，讓這片草坪上有一種緊張的氣氛。

也罷，讓我從這條修竹掩映，還藏著鮮花的小路走進去吧。那裡面好像是很幽深的樣子哦。富有情調、參差不齊的石頭牆，一看就野趣橫生，非常隨意自由。也許這裡面有人會在吟詩作畫，或是拉著小提琴唱情歌呢。

在小路拐彎的地方，無法再看到前面的路。我聽到一個柔和而優美的女聲在低低說著什麼，很是動人。我有點怕驚擾了別人的談話，卻又不太甘心，靜靜地站在那裡。可當我正打算離開的時候，那位低聲說話的女生踱步出來了。一看之下，令我大失所

望，原來女孩正手捧著一本大書，聲情並茂地低聲念英文呢！

抬起頭來，太陽照到了前面的山坡上。那上面種了些我說不出名字的植物，排成長長的一排，發出火紅火紅的鮮亮顏色。這是多麼浪漫的色彩呀！難道剛才的男孩指的就是這個？

我找了一條路，往山上走。上了山，才發現這綿延的山坡真是別有洞天，因為它們不斷地起伏，可以隔斷山下面和路上人的視野，於是這裡便成了一個不受騷擾的天地了。

我看到了這裡的盛況了。小小的山坡上竟有那麼多的戀人們或坐或臥，在未名湖能夠看見的情態這裡全部都有。而且，我越往下走，便越發現他們的大膽和浪漫：有的就在緊臨外面大路的山坡上接吻，來來往往的人，只要願意，沒有不能觀賞的。

原來真的是如此，四處的年輕人的確都是一個樣子呀，沒有未名湖的月亮惹禍，「禍事」也是隨時隨地自己都要發生的。我自然不會果真以為清華的人除了念書，便不可以兼顧別的了——這麼聰明的人，抽點時間出來體會愛情和尋找另一半的能力怎麼可能沒有呢？有一次，我們和一位清華的朋友聊天，非要讓他交代情史。他一副真誠可愛的樣子，問道：「你們能夠抽出整整的三天時間來聽，我就交代。」我們一聽，趕緊四散開去，落荒而逃。還有一次，在一個學生Party上，和一位清華的熟人聊起了感情問題。他那副滄桑的樣子，實在讓人同情，沉吟半天，說：「這個問題還是不要提及的好。誰不是一部斑斑血淚之史呀。」嚇得我趕緊解釋，大多數人並沒有這麼幸運，只有些膚淺的故事片段，成不了史，更不能奢望斑斑血淚了。深沉的他眼神迷惘，只是說：「在清華有的，在清華有的。」

草地中間有一片空地，安放了許多的桌椅。不過，仔細看那桌椅的樣子，根本和教室裡的沒有多大的區別，所以這裡更準確地說，倒真是個露天的自習室。看，學生們在這裡看書是多麼專注，哪怕是趴在桌上打個盹兒，也都是自習室裡的姿勢。

　　要在清華園中遭遇愛情，卻並不是一件容易的事情。儘管園子裡才色俱佳的女生也是不少，可怎奈狼多肉少，大多數的男生若不到外面去「拓荒」，那便只能忍飢挨餓了。好在清華男生在外面的聲譽很好，我所知道的，至少北大的女生就挺看得上他們，張口閉口就說要到清華找個「好男人」。北大女生可不是隨口亂說

上圖：一條彎彎曲曲的小
路，把人帶進了一個修竹掩
映的地方，這樣的環境，可
真是有點瀟湘館的意思，只
可惜裡面的林妹妹卻忘情地
讀著英語。

左圖：小山丘上一片火紅，
把人的注意力吸引去了。在
一片沉靜之中不為人所常見
的熱情，這恐怕就是清華學
生愛情的特點。

山上可真是清
華的世外桃
源，獨有的那
種情調是在別
處不能看到
的。

之無見識的女流之輩，她們的話總有充足的根據：君子敏於行而訥於言，所以工科的男生總是最君子的；清華男生生活規律、愛好運動，必然身體健壯，可以有體力做護花使者；清華男生前途不可限量，將來可成大器，根據美女配英雄的合理規則，這兩校的姻緣該是上天安排的；……只可惜清華男生不是拈花惹草之輩，北大女生也沒有送貨上門的殷勤，雖然彼此心儀，卻都不行動，眞正兩校雙劍合璧的姻緣卻並不多。說北大是清華的後花園，對清華男生和北大女生都是不公平的。

高貴秀麗的竹子，總是我最鍾情的植物，走到哪裡看見它，總得駐足半天才忍離開。

　　不過，也眞有些清華的愛情故事頗爲有趣。有一次無意之間在清華的大路上看到一對緩緩行走的戀人，說話的聲音不大，但兩公尺開外足能夠聽得眞切。我沒有偷聽情話的好習慣，卻被兩人的話給吸引了，只聽兩人鄭重地自我批評——

　　「清華有很多不錯的地方，絕大部分都是好的，但也有不足。比如，連幾個垃圾桶都像士兵一樣擺得整整齊齊，五點一線的，還要不要人活？像你們學校，你看三十七樓前面那幾個垃圾桶擺得多藝術，亂七八糟、烏煙瘴氣，那才是垃圾本色嘛。幹麼拒絕眞我呢？清華這一點應該向北大學習。」男生說。

　　「你這樣說是不全面的，在這一點上，北大恰好應該向清華學

這蔥蘢的小山，實際上並不如看上去那麼寧靜，中間隱藏著或躺或坐的情侶們，數量還真是不少。只是，那是很私人的情景，不好在畫面上展示給大家看了。

習。垃圾桶的真我並不富有美感，相反，這種本色讓人噁心。教育的目的就是完善自我，讓自我控制好本我。所以北大這種放任自流，恰好是北大教育上的缺陷。清華才是真正塑造了理性的垃圾桶，北大的做法會讓這些垃圾桶沒有前途。」女孩子說。

「可是，北大的垃圾桶裝得並不比清華的少，是不是？無論亂垃圾桶、整齊垃圾桶，能裝垃圾就是好垃圾桶。本質工作之外，難道不應該讓它們自由一點、自我一點？」男生沉思著說。

「可是一看你們的垃圾桶，就知道它們有團隊精神，這是這個競爭的時代最需要的……。」女孩子繼續說著。

卵石鋪成的「山間」小路，上面斑斑點點的太陽光，越發顯出這裡的幽深寧靜，是讓人
所嚮往可以獨處或竊竊私語的地方。

「垃圾桶……」

「垃圾桶……」

……

　　清華男生的聰明勤奮讓他們在追女生上面也頗能高人一籌，
尤其如果他們追的是有內涵的女孩的話。本科時候，同宿舍的一
名女孩，在北大英語角偶遇一清華男生，兩人用英語聊得非常開
心，但是男生並非是女孩心目中的白馬王子類型，所以女生只是
隨便給了他點隻鱗片爪的個人資料，就與他分了手。但是想不

到，男生一夜之間，也不知用了什麼樣的辦法，把這個女生的姓名、籍貫、婚姻狀態、政治傾向、聯絡電話和住址等等，查了個一應俱全。而且，好在清華人從來沒有睡懶覺的習慣，天天晨跑也可以當成是一種享受。因此，第二天一大早，男生就矯健地長跑到北大，在我們宿舍樓下站定，等待女生出巢之後，一把截住。然而他沒有想到的是，北大有優良的晚睡晚起習慣，所以一直等到十點多，才見到伊人。事情的進展很是不如人意，女生並不熱情，也不大方，敷衍了一下，便跑了。

從此以後，這貓抓老鼠的遊戲一直從初秋玩到隆冬，直玩到女生身心疲憊、舉手投降了為止。因為這清華的公子天天早上長跑到宿舍樓前來攔截，晚上女生上自習，北大這兒許多教室，他竟然能夠準確地預測、有效地論證和精密地測量出她在什麼地方，然後敏捷地行動、大膽地擒拿，每每成功來得順利又必然。

最後的結果是，他把我們北大的一大才女給俘虜到了清華，讓她乖乖地在清華經管學院裡待著念研究生了。

自然，清華男生並不是總想要紅杏出牆，足夠幸運能夠力挫群雄的人，還是願意讓清華的美女挽著自己的胳膊在校園裡示威，這畢竟可以省去諸多的不方便；清華人儘管勤奮，畢竟也不會自找苦吃。北京的破天氣，程門立雪、風中狂奔、烈日曝曬都不是好受的，更何況主要還是耽誤了寶貴時間。我的好幾個清華朋友今年都計畫想要「終成眷屬」了，因為7月份便有兩對要雙飛美國。

在清華歷史上，有一些傳為千古佳話的愛情故事，不禁讓人感歎愛情之純美，也令人讚佩劇中人物品格的高尚無邪。

　　說到此處，不能不提到的人就是金岳霖先生█。當時清華的學生這樣描寫他：「金岳霖先生，你一望便知他是哲學大師。真怪，無論他身上哪一點，都有點兒哲學味兒似的……走起路來總是慢慢地，手中常常提著那個『教授包』，口中常含一支紙煙。是的，他很喜歡吸煙，最多忍一小時必須吸一支，所以遇有考試時，他不能監場至兩小時，中間總會出去一次吸幾口煙……因為是懷疑派哲學家之故，遇事則以懷疑的態度應對：『靠不住吧？』講書時把學生也看作學者，以學者對學者的態度研究，所以聽講者有時感覺太深奧。……金先生由課堂外面來了興趣，逼迫你高興聽他講話。有時候他把你講笑了，他都以懷疑的態度問：『笑什麼？』」

　　金先生是我所知道的中國近代最孩子氣的學者和大師，博學卻天真、深邃卻清淺，至為可敬，又可愛絕頂。

　　金先生曾經說道：「世界上似乎有很多的哲學動物，我自己也是一個，就是把他們放在監牢裡做苦工，他們的腦子裡仍然是滿腦子的哲學問題。」

　　徐志摩說：「金先生的嗜好是撿起一根名詞的頭髮，耐心地拿在手裡分析；他可以暫時不吃飯，但這頭髮粗得怪討厭的，非給它劈開了不得舒服。」

█金岳霖（1895～1984），哲學家、邏輯學家。字龍蓀。湖南長沙人。1914年畢業於清華學堂後赴美留學，1920年獲美國哥倫比亞大學政治學博士學位。1921年後遊學英、德、法、義等國。1925年回國，歷任清華大學、西南聯合大學哲學系教授、系主任，文學院院長。在哲學方面吸收西方哲學的成果，建立了自己獨特的哲學體系。著有《邏輯》、《知識論》等；出版有《金岳霖學術論文選》、《金岳霖文集》等。

　　金先生在學術上的思想是非常複雜的，而在生活上卻簡單到孩童都要比他刁滑。

　　他喜歡鬥蛐蛐兒，積極參加各種聚會結交鬥蛐蛐兒的朋友，一本正經地把鬥蛐蛐兒的技藝當作學問來切磋。

　　他還喜歡養鬥雞。在西南聯大的時候，養的鬥雞總是和他一張桌子吃飯。沒想到，他太過溺愛牠，使牠脾氣很大，而且橫行鄉里，最後被人一棍子打死。

　　他還有一個愛好，就是到處尋找搜羅大的梨和石榴，拿回去和小孩子比賽，若是沒有他們的大，他自甘認輸，把梨或石榴送給孩子，自己卻又不屈不撓地繼續尋覓。

　　愛因斯坦曾經把自己的名字給忘了，這種事情居然也發生在金先生的身上。一天，他打電話給陶孟和，陶先生的服務員問他：「您哪兒？」金先生竟然想不起自己叫什麼了，只得說：「請陶先生說話就是了。」服務員卻說不行，金先生低聲下氣請求了兩三次，對方還是不同意。於是，金先生只好求助於身旁經常給他拉車的車夫。車夫卻說他也不知道。金先生就啟發他：「你沒有聽見人說過？」車夫才想起來，說：「只聽見人家叫金博士。」金先生一聽到這「金」字，便一下想起自己的名字了。

　　他是一位純粹的學者，對於政治和行政事務一竅不通，也不感興趣。在1956年的時候，他被調到哲學所擔任副所長，別人告訴他以後要坐在辦公室裡辦公。金先生說：「我不知『公』是如何辦的，可是辦公室我總可以坐。我恭而敬之地坐在辦公室，坐了整個上午，而『公』不來，我只是浪費了一個早晨而已。」

　　金岳霖先生終身未婚，不是因為他專心學問或是像個孩子，

而是因爲他那古典而浪漫的愛情觀。金先生一直愛著梁思成[2]的夫人林徽音，此情終身不渝。金岳霖和梁氏夫婦都是好朋友，在總部胡同的時候，金先生就住在梁家的後院。說是有一次，梁思成從外地調查回來，林徽音見到他就哭喪著臉說，她苦惱極了，因爲她同時愛上了梁思成和金岳霖兩個人，不知道怎麼辦好。梁思成很是痛苦，但又爲林徽音這種坦誠的態度所感動，想了整整一夜，覺得自己不如金岳霖那樣的哲學家有頭腦，也許林徽音和金岳霖在一起會更幸福。於是他就告訴林徽音，她是自由的，如果她選擇了金岳霖，他祝他們永遠幸福。林徽音當時一聽這話就哭了。當她把梁思成的話告訴金岳霖時，金岳霖卻說：「看來思成是眞的愛妳的，我不能去傷害一個眞正愛妳的人。我應該退出。」從此以後，幾個人都不再提起這件事，梁氏夫婦始終和金岳霖保持著非常親密的友誼。金岳霖後來就只能把自己對林徽音的愛情藏在心裡了。

1955年，林徽音去世，金先生心中十分痛苦。他的一個學生正好到他的辦公室看他，他先是不說話，等到只剩下他們兩個人後，他仍然沉默著，學生也不好開口。金先生突然說：「林徽音走了！」話一出口，便號啕大哭起來。一直哭了好幾分鐘，他慢慢擦乾眼淚，靜靜地坐著，目光呆滯，不再說一句話。

---

[2] 梁思成（1901～1972），廣東人。著名建築大師。1901年生於日本東京。畢業於清華大學，後留學於美國賓州大學和哈佛大學。1928年回國後，先後創辦了東北大學建築系和清華大學建築系。中國營造學社的主要負責人之一，三〇年代組織了中國歷史上唯一一次大規模搶救中國古建築的普查工作，在研究和保護中國古建築方面做出了卓越貢獻。曾主持了中華人民共和國國徽、人民英雄紀念碑的設計，並參與了國內外許多著名建築的設計工作。1972年逝世於北京。

　　他送了林徽音一副輓聯，寫道：「一身詩意千尋瀑，萬古人間四月天。」

　　後來，有一年，金岳霖在北京飯店宴請老朋友，請柬上也未寫明請客的原因。一直到席間，金先生才說：「今天是徽音的生日。」

　　吳宓先生[3]和毛彥文女士之間的愛情故事也是廣為人知的。

　　葉兆言先生有一篇〈閒話吳宓〉的文章，把吳先生描寫得很生動，不妨引幾段：

　　「最初知道吳宓先生，是把他當作新文學的反面人物。只知道這個人好抬槓、喜歡吵架，保守得接近可笑，凡是胡適先生贊成的，他似乎都要反對。反對胡適也算不了什麼大錯，可吳宓還反對魯迅，反對一大堆本世紀初大家以之為新的事物。

　　「他讚美文言文，反對白話文。對於今天的人來說，吳宓無疑是個老怪物一般的怪人。

　　「他的學問足以嚇死人，他是中國比較文學的鼻祖，我們今天外國文學

書齋中的吳宓教授

---

[3]吳宓（1894～1978），原名玉衡，後改曼陀、陀曼，生於1894年，投考清華學校時又改名吳宓，字雨生（亦作雨僧），陝西涇陽人。1910年考入清華，編入1916級（亦作「丙辰級」）。畢業時因體檢與體育均未通過，延至1917年放洋赴美。1925年應母校之聘回歸清華。歷任國學研究院辦公廳主任、外國語言文學系教授兼系主任等職。

方面的一些專家學者，有許多都是吳宓先生的授業弟子。他的弟子如今沒混到一個博士生導師資格，就應該算不長進的。吳宓是一位新派的古董。」

……

有一位很著名的教授，形容吳宓的外貌，說他的腦袋像一顆炸彈，使人覺得隨時隨地都會爆炸一樣，這是吳宓得意時的寫照。關於吳宓的耿直，確實流傳下來許多笑話。其中之一便是他如癡如醉地喜歡《紅樓夢》，認為此書是古今中外的第一本好書，並且近乎肉麻地稱自己為紫鵑，理由是紫鵑對林黛玉的愛護最純粹。戰時昆明有家牛肉館，老闆突發奇想，竟然取名「瀟湘館」。瀟湘館乃是林妹妹住的地方，豈能這番褻瀆。於是，吳宓先生提著手杖跑去一頓亂砸。一位社會名流大教授，這種做法頗有失身分。

……他的名言駭人聽聞：除了學術和愛情問題，一概免談。他帶著學生在街上走，迎面要是過來一輛車，他總是奮不顧身地舉起手杖，讓身邊的女學生上了人行道，這才放車子過去。他的作風很有些像西方的紳士，當然更像唐吉訶德。作為大名鼎鼎的教授，他口袋裡的錢要比學生多幾文，但是活在物價飛漲的年代裡，仍然一樣清苦。用當時流行的話說就是，教授教授，越教越瘦。瘦也得請客，吳宓常常口袋裡揣著鈔票，帶著心愛的研究生去打牙祭。在小館子裡坐下來，神情嚴肅地拿過菜單，用正楷在小紙片上寫下要點的菜及其價格，一筆一筆算清楚了，估量口袋裡的錢真的夠用，這才交給跑堂的。既然是請客，還要如此錙銖必較，不瞭解他的人，真會覺得他小氣。

……

國學大師王國維自沉昆明湖前所立的遺書中，指定陳寅恪和吳宓處理自己遺留下來的書籍。由此可見王國維對陳、吳兩位的信任。在吳宓的故事中，陳、吳長達五十年的深厚友誼常被人津津樂道。陳寅恪和吳宓先生都是我們這個時代劃句號的人物，他們的學問空前絕後，逃不脫曲高和寡的厄運，一生的寂寞常人難以想像。他們沒有像王國維那樣輕易地了斷此生，卻都在史無前例的「文化大革命」中吃盡了苦頭。陳寅恪死於1969年，臨死前，在病榻上還被迫做口頭交代，直到不能講話為止。

陳寅恪最後的聲音是：「我現在譬如在死牢之中。」吳宓雖然熬到1978年，但是極左思潮尚未肅清，依然被遣回老家，住在他年老的妹妹那裡，眼睛已經看不見，神智也開始昏迷，他最後的聲音只是渴了就喊、餓了就叫：「給我水喝、我要吃飯，我是吳宓教授。」

季羨林先生是吳宓先生的學生，他曾說吳宓：「他看似嚴肅、古板，但又頗有些戀愛的浪漫史，所以矛盾；他能同青年來往，但又凜然、儼然，所以矛盾。」

他和毛彥文之間的戀愛故事，在二、三〇年代裡曾是轟動一時的新聞，七、八年間都是沸沸揚揚不可收拾。他追求毛彥文，遭到很大的挫折。但他卻頂著壓力，我行我素，雖然人言可畏，但他卻全不理睬。在愛情遭到打擊的時候，他寫了四首詩，名為《吳宓先生之煩惱》，充分表達了他對毛女士的愛情和內心的痛苦，並且在報紙上發表出來。其中有一首寫道：「吳宓苦愛毛彥文，三洲人士共驚聞。離婚不畏聖賢譏，金錢名譽何足云？」這

種婚外情到現在仍然是不上臺面的，吳先生卻公然在報紙上宣揚。

　　清華學校裡，關心和愛護吳宓的同事們怕事情鬧到讓吳先生身敗名裂。金岳霖受眾人之託，去做吳宓的工作。金岳霖也不善於做這樣的工作，張口就說：「你的詩如何我們不懂。但是內容是你的愛情，並涉及毛彥文，這就不是公開發表的事情。這是私事。私事是不應該在報紙上宣傳的。我們天天早上上廁所，可是我們並不為此宣傳。」吳宓一聽，來了氣：「我的愛情不是上廁所。」

　　三○年代的時候，一次吳宓和學生們談心，突然感慨道：「當今文史方面的傑出人才，老一輩首推陳寅恪，年輕一輩首推錢鍾書。他們是人中之龍。」

　　錢鍾書先生不但以才華著稱，他的狂傲也是盡人皆知的。可

清華畢業時的錢鍾書

是，就這麼一個認為誰都不配教他、不配考他的狂才，卻與楊絳一見如故，投契非常。在1932年的時候，楊絳放棄了美國威爾斯利女子大學的獎學金，到清華外文系讀碩士。錢鍾書就這樣認識了她，當時他正讀本科三年級。這位一輩子誰都不太放在眼裡的人，居然三不五時地約楊絳寫詩，乘機向楊絳表達自己的內心情感世界，說相思之情如蛇入深草，蜿蜒動盪卻捉摸不定。錢鍾書與別的青年

不同，對於知識學術執著異常，但對外界的事情卻不甚關心，甚至於國家大事、民族危亡，也並不能讓他激情投入紓難志士的行列。但他也為中國的山河破碎、黎民的痛苦生活而惆悵百結。在他畢業之際，清華留他讀研究生，他拒絕了，帶著楊絳離開了動盪不安的祖國，踏上英倫的土地，到牛津大學深造去了。

8 永恆不變的青春色彩

他們在您的懷裡，從不撒嬌，但也會頑皮……

　　北院舊址往北，就是清華的學生區了。我也正好有些累，可以找個朋友的宿舍歇歇腳，討杯水喝。

　　翻過一座小山坡，發現在園子的邊緣上有一條十分別致的長廊。我趕緊走了過去。長廊有火車鐵軌一般的頂，還真是枕木似的架在上面。每一道旁邊的柱子上都有一簾蔓藤，青蔥翠綠地從下到上，掛了滿幅。

　　我在長廊裡走著，終於發現了這裡最大的妙處：透過鐵軌看藍天，那天空變得奇妙異常，像是在火車裡看風景那樣，好像藍天白雲全在觸手可及的外面，然而卻是絕對不可能真的摸到。

　　我走了幾步，看到長廊裡有一對青春可愛的男孩女孩，騎在欄杆上，一片一片地數著葉子。不知道這是個什麼樣的遊戲，只看見兩人笑著在爭執，手忙腳亂地把左手裡的一把葉子一一送到右手，又讓右手把它們扔到欄杆上。最後，只見女生咯咯笑著，兩手捧起欄杆上的一堆樹葉，使勁地往天上拋。我看見長廊之中，那綠色的葉子迎著頂上透下來的光，優美地飄舞，聽見了兩

串孩子般的笑聲。

串孩子般的笑聲。

　　這應該是到學生區了，年輕人的宿舍區。

　　長廊的北面，是樣式古舊的宿舍區，連成一片，分別為明、靜、善、平、新齋五幢。這是1928到1935年之間先後建起來的學生宿舍，所以帶著些年歲的滄桑。明齋前，有寬為八公尺的新柏油路，是橫貫校園東西的第二條大道，新齋東邊的一條新路，也直通北門，交通看來是很方便。而且這裡離北院很近，想要去努力、浪漫或閒散一會兒，都是幾步路的工夫。

　　過了這一片，再往北走，那可就是能把人弄得暈頭轉向的、後來新蓋的34幢學生宿舍樓。這些樓都是後來陸續蓋起來的，排列也沒有什麼明確的規律，樣子卻每每相似，不容易分辨。不過，清華的學生都是一幫高智商的孩子，學理、學工的人方向感也好，所以他們在這樣迷宮似的環境裡遊刃有餘、輕鬆自在。可是我每一次上這裡來找朋友，必然要問路。當然這也不全是房子的錯，我本來在找路上就是十足的笨蛋。好在清華的人熱情又能幹，每一次總是能夠把絕對位置和相對位置都講得清清楚楚。之後我也就養成惰性：既然一問便知，那還要費腦細胞去記路作

在長廊的盡頭，有因為簡單和沒有上下文而顯得越發可愛的故事。

上圖：園子北面一條設計別致的長廊，把兩個世界分隔開來，一邊是嘈雜忙碌，一邊卻是寧靜幽閒。

左圖：看著長廊和古松裝飾過的藍天白雲，是不是又是另外一種感受？而且那廊頂和松枝也顯得份外美麗。

長廊的柱子上掛著亮綠的蔓藤，像是美麗女子的秀髮，尤其是有風的時候，它還會微微起舞，每一動都讓人的神魂跟著一蕩。

各院系都會組織一些活動。

貼在樹幹上的海報

學生區的人氣可比風景區的要旺了不知道多少倍。

甚？乾脆問就行了。

　　鑽入了迷宮，我又開始傻了。不行，今天還是得問路。隨便找了一個小伙子問路，不想他居然正是住十四號樓。於是，我乾脆與他同行一段。

　　清華的學生很有意思。他們大都不會和不熟識的人很自然地聊天，寧願保持著沉默，直到必須要說的時候，才會很簡短地說上幾個字。但是，他們的沉默寡言卻不會給人距離感，尤其不會像北大的學生那樣，不說話的時候總讓人感到一種高傲和自負。他們不一

社團搞的主題活動和各種大型活動的宣傳條幅。看，清華學生的課餘活動還是豐富多彩的，只不過真正多彩的就那麼一小群人，其他的沒有多彩的時間呀。

看看這海報欄，終究是不離學習與奮鬥的主題，日子就是在這樣的壓力中度過的，怎麼能不產生時代精英？

樣，很少說什麼，說話時眼睛也很少看著你，但是你會覺得這是
一種純真的羞澀，裡面帶著讓人很舒服的謙和。

　　然而，以為清華學生真的是書呆子，那也太不瞭解實情了。
上網去看看，有意思的帖子、爆笑的幽默故事和自己排的小短

清華的老學生宿舍。
雖然模樣老了點，其
實還是自有它的巍峨
和雄壯。

劇，很多都出自清華學生之手。我們在網上晃悠一段時間之後，都說：「還是人家清華的能玩出格調來。」

前段時間在網上很是火爆的清華人自己拍的短劇《清華夜話》，很能反映出清華男生女生的心理狀態和學生生活的特色，摘錄下一部分，可以讓人瞭解真正的有血有肉的清華學生——

先是彈吉他的男孩唱：「那些日子，你向我走來，可是走過來卻又離開⋯⋯。」（聽，帶著浪漫的傷感吧？多麼細膩和詩意的情懷。）

女生宿舍裡，燈熄了。一名女生尖叫：「Faint，怎麼這麼早就熄燈了！我這集《情深深雨濛濛》還沒有看完呢！」（注意：能搞懂複雜深奧抽象的相對論的清華女生，也是可以迷戀沒有腦子的肥皂劇的喲。）

⋯⋯ ⋯⋯

一個女生在床上做仰臥起坐。一人問：「又在做仰臥起坐？」

邊做邊答：「是啊是啊，不做的話，肚子會越來越大的。」（嚴格要求自己吧！要了腦子還要身材，也是夠貪心的了。）

⋯⋯ ⋯⋯

「出國聯繫得怎麼樣了？」

「正找老師寫推薦信呢。好不容易背完單詞了吧，考G、考托、考SUB。然後呢？寫推薦信⋯⋯還得簽證呢，別說多麻煩了。」（這可是極其艱苦的過程，怪不得只有學校的精英才走得出去呢。）

⋯⋯ ⋯⋯

「要說這吃還得是中國，八大菜系，聽著就舒服。」（「吃」永

「斯是陋室，唯吾德馨。」歷史傳統越深厚的學校，學生宿舍越是這樣簡陋。住著歷代英才住過的陋室，豈不比住豪宅更有精神上的貴族感？或許這是阿Q精神，縱然是，又有什麼不好呢？

清華的學生人數多，宿舍樓有三十多幢，幾乎全長這個樣子，至少在我看來沒有什麼大的區別，所以學生宿舍區可是個迷路事件多發地帶（也許只是對於我這種路癡來說吧）。

遠是女生宿舍裡比談論男生更加讓人投入的話題。）

帶著回憶的甜蜜：「就是就是，我就喜歡吃我媽媽做的肉條。」

快要流口水了：「嗯，我也喜歡吃那個，我最喜歡上面的芝麻了。」

…… ……

夢幻般地：「我想吃哈根達斯的冰淇淋。」

熱烈響應：「我們什麼時候去吃吧。」

理性地：「要八十多塊錢。」

洩氣又無奈：「FT，沒錢……」（沒有想到清華的女生也這麼小女子得可愛。）

「是不是等到過幾天加入WTO，這哈根達斯就便宜了？」

「連加入WTO你都能跟吃聯繫起來。」（清華學生就是這樣，大處著眼，小處著手。）

男生宿舍裡，燈也滅了。正在網上「衝浪」的男生破口大罵：「我考！！！」接著幾個人齊聲慘叫：「啊！……！！！」（看看，謙謙君子也是會罵粗口的耶。鬼哭狼嚎起來，顫音顫得也很是熟稔。）

…… ……

問：「你丫怎麼這麼早就躺下了？是不是急著跟神仙姐姐約會去？」

笑答：「你怎知道哩？」（啃書、做實驗再累，胸中的柔情萬丈還是依然會越長越長，對「才子佳人」公式的嚮往還是強烈的！）

…… ……

「聽說你要上深圳？」

「聽說沒有，深圳的男女比例可是一比七啊？那才眞叫人間仙境啊！」

「你想像那該是多麼壯觀的場面。眞是波濤洶湧。」

「你丫就等著享福去吧。到了那邊（深圳），除了男廁所，全是女的。」（哎呀呀，清華可得立即著手迅速而猛烈地擴大文科的設置和招生，多弄點女生來吧，否則這男生們的想像力就眞要爆炸了。）

…… ……

「還得出國。」（清華從前可是留美預備學校啊，現在仍然有差不多一半的學生先先後後出國。）

「看著周圍的美女一個一個全出口，那個心裡啊，眞是比刀割還疼！」（看，多有愛國之心、多有憂患意識，又是怎樣的切膚之痛啊！）

「這個世界能夠進步、能夠發展，就是因爲有了女人的存在。……你說男人白天奔波、夜裡操勞，到底爲什麼？還不是直接或間接地、有意或無意地，爲他們夢想的現實中還沒有的、爲他夢想的，但是還沒有在現實中找到的；或是他夢想的已經在現實中找到的，但是與他夢想中不一樣的；或是不知在哪裡、存不存在的女孩子可以吃得更好、穿得更好、睡得更好、走得更少、住得更寬敞嗎？」（這可不是眞理！可是清華的孩子也能有用滔滔不絕的言語、一瀉千里的氣勢製造眞理假象的才氣。）

「我想好了，要出國！」

「要出國！！」

「要出國！！！」（為了去追回中國出口的美女，壯志可嘉啊！）

…………

「我要是有錢啊，我就把美國的自由女神像買回來給我兒子玩，把我老媽的像擱那兒。」（還是個孝子呢！）

「我啊，出國要是賺了錢，就把白宮買下來，開個豆花店。」（是不是還想僱美國總統做伙計？清華學生好有雄心壯志。）

「還是在美國西海岸買一棟豪華別墅比較爽。再找一個志同道合的姐姐一起住進去。」（有了豪華別墅，還怕沒有姐姐志同合？）

「可以承租幾畝地，種種向日葵啥的。咱還能養點豬、養點鴨，搞搞副業。晚上呢，就抱著老婆，數星星、聽海浪，男耕女織，夜不閉戶……。」（還是嚮往田園生活的時代精英呢！）

…………

「兵哥，這幾年在外面打工賺的錢，夠娶個老婆嗎？」

「就那點錢，還不夠給人家買幾件衣服呢？」（拮据總是做學生的無奈，其實清華學生比其他學校的相對要寬裕，畢竟，想賣勞力的時候，還能賣得出去，雖然廉價點。）

「那可真是血汗錢呀。給我那幾個錢，還不如回家種向日葵呢。」

「（給老闆打工）平均每天不到十塊錢，我他媽還不如去篩沙呢。」（學生打工的時候，從來都是被剝削得悲慘無比。）

…………

最後是幾個男生同聲唱著：「除了愛你還能愛誰……」

「你」是誰？也許是清華，也許是青春，更有可能是清華的青春。

來到十四號樓前，清華男生很禮貌地說了聲：「這就是了。我先走了。」就匆忙而謙遜地離開了。走上樓，樓上乾淨整潔，簡直不像是男生們的窩，也沒有臭烘烘的味道四處瀰漫。我敲了一扇門，開門的是朋友的室友，與我也算認識，讓我進去後，說朋友不在。屋裡的三個人都禮貌得跟日本人似的，讓了座、倒了水，把架在高處的電視由新聞換成了連續劇，示意讓我消遣，好像我就配看這種沒有腦子的東西；不過盛情難卻，我也只好裝出很有興致的樣子，百無聊賴地看起來。周圍的男生們很快各自進入自己的網路世界了，有的查資料、有的玩「星際爭霸」，還有一個竟然一邊編程式一邊在網上聊天。他們宿舍每人一台電腦──這差不多是清華學生的正常配置水準。據說，資訊化是清華學生宿舍的最大特徵，標誌就是閉路電視、電話、網際網路三網入室，每個學生床位都有電腦介面，所以可以有條件各據一機。他們一共差不多有一萬八千台電腦接入了高速網，這是全國大學中最大的電腦網絡，同時容納上網的人數超過學生總數的二分之一。進行網路教學、解答問題、交作業等都很方便。

電視劇把我看得有點倒胃口，我只得趁他們專注於電腦的時候，起身來悄悄參觀他們的宿舍。宿舍簡單而整潔，幾乎沒有什麼多餘的東西，最占地方的東西是電腦，而不是像北大的宿舍那樣是書。他們的藏書都很少，主要是專業方面的東西，別的就幾乎沒有了。好在他們現在有了網路，否則這樣的藏書情況真是有

點讓人擔憂。

正看著，朋友回來了，一看見我就嚷了起來：「吃飯，吃飯，一起吃飯去。吃！吃！！吃！！！」

「我FT！」原來挺安靜的一個男生叫起來：「回來就鬼哭狼嚎的。」

「我還出去鬼哭狼嚎呢！」他拉起我就走，一副餓昏了的樣子。我也樂得跟著飛快地跑，有人請吃飯，幹麼不積極呢！我知道清華的食堂是很不錯的，也不像北大的那麼擁擠，因為儘管學生多，食堂更多，十幾個食堂，還有很多的餐廳，大可不用擔心吃不上飯。

清華人不太講究吃。其實這話也不對，因為「講究」這個詞很難定義。準確的說，是不貪吃，在吃上花的工夫不大，不像北大，任何時候那館子裡總是塞滿了人，一邊吃一邊聊天。朋友帶著我，非要讓我見識一下他們新蓋的「學生伙食廣場」。我其實去過，那裡的確是個好去處，中餐、西餐都有，還有咖啡屋。

可是才走到一半，他就改變了主意，說：「我們是很熟的熟人，所以不用去那裡了。那裡的東西實在不是很健康，品質和價格也不合比例。上館子吃豆腐去。」

我知道，這是他的習慣，吃飯總是著重營養。他幾乎只吃豆製品和蔬菜，水果裡只吃橘子和蘋果。我從來沒有聽說過他會為享受和發洩去吃一頓飯，同時也沒有聽說過他曾經吃過一頓飽飯，即使是和朋友出去、請客的時候，他也只吃到七成飽，因為他覺得這樣有利於健康。與他相比，像我這樣沒事找美食吃的人，真是慚愧萬分。

食堂的外觀也和清華建築的整體風格統一起來，頗具有觀賞性。

清華的食堂蓋得都很不錯。據說，女生在食堂打飯總得比男生多。物以稀為貴呀，這也是不足為奇的了。

右圖、下圖：清華的食堂很多，
光是名字叫「食堂」的就有十幾
個，外加各種餐飲中心，清華的
學生是不用擔心吃不到飯的。

上圖：帶著洋味兒的清華快餐廳，是留
學生出沒比較頻繁的地方。

左圖：清華的招待所（或者叫賓
館），在綠樹掩映之中，環境很是優
美。

右圖：在大學裡，夏天的露天大排檔總是最
受青睞的，幾個朋友晚上這樣消夏一會兒，
那種輕鬆，是緊張的學習生活裡最好的調味
品。

新蓋不久的「清華大學飲食廣場」，裡面的設施和規格，真讓外校的人看著眼紅，不住酸溜溜地說：「太奢侈了、太過分了。」

可是最後，我們去的卻是第十食堂█，因為他要很快回實驗室去替老闆幹活。所謂的「老闆」就是導師，在大學裡都這麼叫，大概是因為研究生們不太願意把自己看做是學生，而且在導師「領導」之下做專案，到後來往往能分到些錢。他是清華電腦系的，專業是人工智慧，成天忙得不可開交，在實驗室裡往往一天要待上十三、四個小時。

「真想過你這樣晃晃悠悠的生活。」吃飯的時候，他說。他的眼睛是紅的，當然並不是因為羨慕我，而是熬夜和成天盯著電腦螢幕的緣故。他說這話很言不由衷。因為他更經常說的話是：「像你這樣過，真比殺了我還難受。我已經習慣了像牛馬一樣生活。」

我只是笑。看看清華的食堂，寬敞明亮。旁邊幾個吃飯的男生，速度都非常的快，急急忙忙地來，急急忙忙地走。

過了一會兒，他說起了今年到美國的簽證：「把我給拒了，卻簽給了我女朋友，這不明擺著使壞嗎？誰不知道，在美國中國女孩搶手，她一個人出去，那我還不是沒戲了。」他一直抱定主意要出國——這是清華一半人最後的去向。但是他的專業太熱門，幸運無比地拿到了獎學金，但簽證的時候，人家卻認定他有移民傾向。

█明齋北將竣工、十三萬平方公尺的國內最大現代化學生餐廳；全校十座學生餐廳，已全部實現了「餐廳速食化、售飯磁卡化、燃料燃氣化」。餐廳裡各種中式速食、冷盤、小吃、小炒、砂鍋應有盡有，花樣翻新；餐廳內有五彩的速食桌椅，窗明几淨，刷磁卡代替了現金與飯票，用餐完畢學生只需把快餐具放在原處，毋需自己洗碗筷。清華學生餐廳之優質廉價、味美，而且舒適，享譽國內大學院校。

「其實，到時候他求我，我還不會待在沒文化的美國呢。我是最沒有移民傾向的，偏偏冤枉的是我。」他笑道，「這也好，在國內發展吧。」

他這樣平和的心態在清華人當中很少見。清華的學生，都是外表看上去謙遜平和，心裡十分好強，甚至很難承受任何失敗的打擊。他們永遠想要做最好，一旦達不到目標，心中的痛苦比別人要強烈許多。

「那你的女朋友怎麼辦？你敢放任自流？」我問道。

他有些調皮地笑了：「我不至於去陪讀吧，是不是？她要是不要我，我就自己要自己。」

我想，但願今後的清華學生們都能有像他一樣豁達的心胸。長期承受著巨大的學業和競爭壓力，從來都肩負著非同一般的期望和任務，他們常常很難接受不如意的現實，心理上非常脆弱。沒有人願意看到像如今這樣，一些資賦優異的學生因為心理的承受能力太弱，而常常陷入無法自拔的痛苦，甚至輕易結束自己的生命。

9 沒有顏如玉，也要挑燈夜讀

面對您的眼睛，如何有勇氣平庸……

　　清華的教學區可是重要的，因為大家都知道清華是「學的地獄」，代表這種特色的黑暗地帶當然就是教學樓和實驗室了。

　　學校的教學區總是最重要的，但看起來最沒有什麼意思，說起來也沒有樂趣。但是為了繞到我感興趣的主樓區去，我還是要順便參觀的。和朋友道別之後，向西南方向走去。這一片都是各式各樣的教學樓和實驗室。

　　大學是教育機構，同時也是科研機構。清華的教學樓很多，在大禮堂附近有老式的一教、二教，在校園的中央位置又分別是八〇年代集中建成的第三、第四、第五教學樓，總面積一共有二萬零二十一平方公尺。它們不像一教、二教的建築風格那麼講究，造型簡潔，沒有什麼裝飾，外邊樸素無華，灰色的石牆面上裝飾著磚紅色的陶土面磚，鑲嵌著深色鋼鋁窗框的大玻璃窗實用而美觀，讓教室的採光都非常不錯。在四教和五教的外面，還有一個小花園，取名為牡丹園。花壇裡種了不少鮮豔的花，四周也有修竹蔓藤。我走進去的時候，正看到好幾個學生坐在樹蔭下的

這一組是名叫「棟樑」的雕塑。清華裡盛產國家的棟樑,對這一點我是一點都不懷疑的,只需要看看這些教學樓和實驗室,就可以舉雙手、雙腳贊成了。

第四教學樓和第五教學樓連成一片，是主要的教室區。

教學樓外面的小花園，雖然起了個很有點《牡丹亭》、《西廂記》意思的名字，可卻不是用來談情說愛的地方。到這裡的人都是看書學習的。

上圖、右圖：教學樓
窗外的花花草草雖然
這樣的熱鬧，可是一
點也分散不了裡面學
子的注意力。

下圖：三教外的牆壁上是施混烈士的浮雕。施混是清華大學二〇年代的畢業生，在美國
留學時加入了共產黨，回國後從事共產主義運動。1933年被捕犧牲。

花壇旁，專心致志地看著書呢。再一看那窗戶，可以從外面看到教室裡面滿滿的都是人，個個都是這般地用心苦讀。窗前的花開得熱鬧非凡，風一吹來，就在窗外搖來擺去，但卻不能夠吸引裡面莘莘學子們的視線。

　　三教就在四教、五教的對面，建在一處高地上，頗為壯觀。前面有一塊很大的空地，想必在天氣好時也是讀書的好地方。在教學樓的牆上，還如同中學那樣，寫上了幾個大字：「嚴謹、勤奮、求實、創新」，這在北大卻是看不見的。

　　除了這樣的全校公用教室之外，各個院系還有他們自己的大樓，裡面有教室、辦公室和實驗室。在大禮堂的東邊，有新水利館和舊機電館；在校河東面、西主樓西面，是人文社會科學學院和土木水利學院。社科樓和老經管樓就是人文學院的建築。而水利系的泥沙實驗樓和新建的土木館——何善衡樓裡，有國內大學中最大的水壩、四千六百八十五平方公尺泥沙綜合試驗室和最大的土木工程結構試驗室。清華裡面還有一些名為「車間」的地方，什麼通用車間、什麼壓鑄車間，像我這種學文科的人，根本摸不著頭腦。

　　清華大學裡學生的功課之重，是非常有名的。本科生的課多得駭人聽聞，累得孩子們口吐白沫，看人的眼神全是直愣愣的，讓人不禁為他們擔心。清華不像北大，他們設有通宵自習室，要是願意的話，可以在那裡通宵達旦地念書，沒有人會不贊同。但是，清華學生們普遍有比較規律和正常的作息時間，睡得雖然少，但時段卻比較固定，到什麼時間就做什麼事情，毫不含糊。他們中午也都有午休的習慣，因為早上都是起個大早，而上午、

上圖：教學樓的外面是廣告欄，看來看去，還是學習的內容占了絕大部分。

上圖：三教修在高臺之上，氣勢磅礴，氣氛壓抑。

左圖：教學樓外面仿古的燈，也在無聲地提醒來往的人，這所學校有著如此光輝的歷史和深厚的傳統。

電機工程館

清華各個院系都有自己的教學辦公專用建築。

清華各個院系都
有自己的教學辦
公專用建築。

教學樓，尤其是老院系所在的樓都是很老的建築了，再加上牆壁上已經枯死的壁虎，顯得有些滄桑。

校河以東、西主樓以西的這一區域，目前是人文社會科學學院和土木水利學院所在地。人文學院占有社科樓和老經管樓這兩座建築，水利系則有泥沙實驗樓和新建的土木館「何善衡樓」。

上圖：在清華有很多國家級的重點實驗室。

左圖：鮮豔而別致的植物把清華的校園裝扮得份外美麗。

教學區的大路兩旁是高聳入雲的白楊樹，微風吹著樹葉沙沙作響，夏天的時候樹蔭能夠覆蓋住整個街道。上下課時，上萬的清華學子形成擁擠的自行車流，成為清華一景，十分壯觀。

下午的功課都重，需要有良好的精神狀態。

　　清華的學生時常因為學業而煩惱和痛苦，這是讓北大的學生不能夠理解的。曾經有一個清華的朋友，在聊天時說他最近心情特別不好，我們都以為是他找不到人生的方向或者是失戀（這是北大學生痛苦的最主要根源），他卻說道，在進清華之前（他原本念的也是國內著名的理工大學），他從來不會甘心情願地承認誰是天才、誰比他聰明，現在他很無奈，雖然認為自己還是屬於聰明的一類，可是在智力上已經沒有任何的優勢，只能跟人家拚體力、拚精力、拚耐力。我們覺得甚為不解：有必要去和人家競爭功課嗎？這都是多麼遙遠的一件事情了，中學才會這樣做的。可是他卻說：「這就是清華，專業永遠是最重要的，怎麼能夠在專業上不如別人呢？這樣多失敗！你們的成就感在什麼地方獲得，我不知道，但我的，或者說我們（清華學生）的，主要是在專業上。」他傾吐完了自己心中的鬱悶之後，沒有過多的停留就走了。我們知道，他一定是回他的實驗室去了。

　　清華有一種獨特的精神，正是這種內在的精神，無形地推動著她的學生採取不同於別校學生的行為方式和生活方式。

　　每一所大學都願意告訴別人，她有著什麼樣的精神。在闡述的時候，聽到的卻總是一些關於辦學理念、生活特色，和取得的成績這樣的東西。但遺憾的是，這樣的東西不是一所大學真正的精神；而且，在中國，只有為數不多的大學真正具有自己獨特的精神。

　　什麼是大學的精神呢？也許就像一個人一樣，平常的人只能把自己的特色稱為性格，而只有真正偉大或傑出的人，才可以說

清華的標誌

清華校訓——「自強不息，
厚德載物」。

他身上有著一種什麼樣的精神。大學的精神是她的特點，但又不全是如此；是她的靈魂，卻也不能囊括所有；是她的魅力所在，卻又不能劃等號。徐葆耕說它是「難以言說的，但又是具體可觸的。它能將具有不同思想、文化、專業背景的知識分子凝聚在一個目標下，在大學遭遇艱難曲折時昇華爲一種頑強的親和力和奮鬥力。在這樣的大學受過教育的人，會長久地懷念它」。大學精神往往不可能用一兩個詞和一兩句話來具體地概括，它可以說是一種潛移默化和感召力，可以喚起在曾經屬於過這所大學的人們心中長久的情愫，也可以讓從來未曾來到這所學校的人嚮往和崇敬。

沒有任何外在的力量能夠把大學精神注入一所學校，也沒有任何一個人能夠規定一所大學的精神應該是什麼，甚至也不會是智慧者的合理設想被採納的結果。它像是天然的水晶，必然要經過複雜的過程和長久的時間，才能逐漸形成，並發出異彩來。而它一旦形成，便不是輕易能夠改變，即使是學校的歷史有了暫時的中斷，這種精神仍然能夠瀰漫在斷層之間，而且像紐帶一樣，幫助著兩個可憐的斷層面重新彌和在一起。

清華精神中，很重要的一點，便是好強，受不了自己不如別人。這也許和清華是美國用中國庚子賠款建立的這一點很有關係。「『五四』」時北大已高舉科學與民主大旗，而清華可稱道的是聞一多貼出的岳飛《滿江紅》，主題還是雪恥。清華是留美預備學校，學生受著美國式的教育，而在出洋後卻非常敏感於西方人對黃種人的歧視。他們遠較其他大學的學生蘊積著更深重的對於民族恥辱的痛感；改成大學後，如何擺脫美國的控制、實現學術獨

清華的學生在清華精神的薰陶下，明白自己在做什麼和該做什麼，能夠一步一個腳印的走完自己無悔的人生。

清華一直在快步發展著。三教以東，正在開工建設一座約三萬平方公尺的現代化第六教學樓，那裡電腦網路、多媒體大螢幕顯示等一切現代化教學方式將一應俱全。

立，便成爲清華建設的主題，而其深處的情感動因仍是雪恥。」
（徐葆耕《大學精神與清華精神》）這種好強的精神在中華已經崛
起的時候，就更明顯地表現在個人競爭中的不服輸態度，不但要盡
自己的力量做到最好，而且還要超負荷地做到比別人好，或至少
是做到不讓別人比自己好。於是，便在這樣的驅動下，不停地奔
跑，就算是再累、再苦，想停都也已經是停不下來了。

　　清華的學生自己有的時候都不知道是如何進入這樣一場沒有
止息的競爭裡。有的人從來沒有感覺到自己是好強的，可是一進
清華，沒有多久，便不由自主地因爲無法忍受別人在自己前面跑
而死拚著命。一所學校眞正的精神就是這樣，它像一股無形的洪
流，只要投入到裡面，就會被它推著走，以爲是自己的選擇，其
實不是；你進了這樣一個鍛造你的地方，哪怕忍受再大的痛苦，
你也是會按照學校的精神在自我的內心中被敲打成型的，而到最
後，充滿感激的人往往是那些曾經經歷過最大痛苦的人。

10 歷史非負擔，潮流迎面來

您永遠在這潮端上，讓萬人矚目……

　　清華的最東邊部分，原本沒有什麼值得一看的東西，除了中央主樓附近，幾乎是一片沒有開發的荒地。可是清華最近幾年裡的發展是驚人的，不但人文社會學科的設立和壯大取得了相當值得誇耀的成績，學校的校園建設和設施的改善也令我們這些鄰校的學生羨慕，甚至嫉妒不已了。東邊現在是一些很新、很時髦的建築，以至於在北京提到清華的校園，人們大都會告訴你：「東邊很值得一看，房子蓋得很漂亮。」

　　好，為了看漂亮的房子，我再繞它一段，從東北角直線向南走，看它一個都不能少好了。

　　北面一帶，主要是運動場館和設施。相當氣派的跳水游泳館，一口氣就蓋了將近一萬平方公尺，設施非常之好，難怪我的一個同學強迫她在清華的男朋友幫她弄了張假的學生游泳卡，一有空就上這裡來，每次回來總要在走廊上大叫：「享受啊！」

　　游泳館的前面是籃球場，把這館前的空地都給充分利用起來做運動。這時候，正好有些人在練投籃，架式還真是很專業。

游泳館整體上恢弘大氣，細部設計得又非常精巧，的確是建築設計中的成功之作。

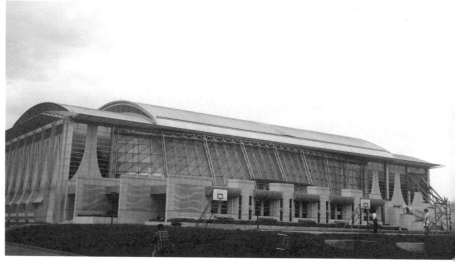

上圖：清華的游泳館，面積九千五百平方公尺，由莊維敏博士的設計組設計，前面是籃球場。

左圖：游泳館的一角，設計別出心裁。

南面一點，就是清華的東大操場。原來那種一跑起來就塵土飛揚的跑道已經全部改成了塑膠跑道。清華向來都是這樣，成本貴一點沒有關係，因為她知道自己的學生可是中國最貴重的人才。操場的跑道中央是足球場，草坪培植得又綠又厚，有如地毯一般。操場的旁邊是一些自由健身的器材。一個女孩正坐在鞦韆上盪來盪去，一隻手拉著鞦韆的繩索，另一隻手卻捧著一本書在讀，真是有意思。

緊靠著操場的就是清華非常值得誇耀的一萬二千六百平方公尺、可以容納五千名觀眾的大型綜合體育中心。它和游泳館都是由莊維敏博士的設計組設計的。香港著名實業家、清華的顧問教

鋪著塑膠跑道的東大操場。清華大學是在中國大學中非常早就已經擁有塑膠運動場的學校，其體育設施之好，在中國大學中也是有名的。

總面積一萬二千六百平方公尺、可容納五千名觀眾的大型綜合體育中心，坐落在中央主樓以北，位於東大操場的正南面。

授曹光彪先生捐了五千萬，國家又投資了一些，才把這座綜合體育館建起來。一眼看上去，它是如此的高大雄偉、剛勁新穎，壯觀得很。這固然是因為建築樣式很有氣勢，也因為它坐落在比較空曠的地帶，所以帶著一種「唯我獨尊」的氣勢。2001年秋天，北京召開的世界大學生運動會，有一些項目的比賽就是在這裡進

上圖：綜合體育館的細部。它由香港著名實業家、清華顧問教授曹光彪先生捐款五千萬元和國家投資而建，具有舉辦國內國際體育比賽、大型文藝表演、電影放映、全校性會議等多種功能。

右圖：清華大學九十週年的校慶是全國教育界繼北大百年校慶之後的又一盛典。當時的主會場就是在綜合體育館。

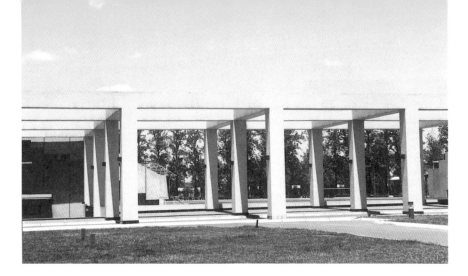

上圖：綜合體育館旁邊的裝飾性建築，烘托出主建築的雄偉。

左圖：高高的看臺成階梯形，正對著東大操場。

一看這一長排的旗竿，就知道這個體育館具有相當的「國際性」。

綜合體育館旁邊
的運動場。目前
全校的體育運動
場館共約十七萬
平方公尺,體育
設施之完善和先
進,在全國大學
中首屈一指。

綜合體育館前面有一
片很大的園地。裡面
種的樹彷彿是整齊的
士兵,排成了好幾條
直線,實在是紀律無
處不在。

在東體的牆上寫著「為祖
國健康工作五十年」的標
語,它的真誠性常常被懷
疑,因為清華的學生有很
大一部分都跑美國去了。

行的。它先進的設施足以承擔這樣的任務。它的功能不僅有舉行國內、國際體育比賽的能力,還能夠進行大型的文藝表演、電影放映和舉辦全校性會議等等。比如2001年清華九十週年校慶就是在這個地方召開的,到現在體育館前面還立著他們校慶時候的宣傳板,也不知道是不是會長期待在這裡做裝飾了。

主樓前的大廣場和草坪,也是蘇聯的風格。

另外,清華的射擊館和賽艇俱樂部也已經在建設和設計中了。這些時髦而費錢的項目,拿到清華這裡,也算不得一回事兒,想建便可以很快地建起來。說到賽艇,很有些意思。因為哈佛和耶魯大學兩校之間有一年一屆的賽艇比賽,已經形成了長久

清華校園風景變化最大的地方，就是在這主樓區。這一片已經由原來的醜小鴨變成了白天鵝了，其美貌廣為外人所稱道。

主樓的風格一看就知道是受了蘇聯的影響，其實在清華歷史上蘇聯的影響是很重要的，否則她也不會由一所綜合性大學變成工科大學。

清華裡總是有中學生團體在參觀。他們剛集合好,開始了對清華的瞻仰。

主樓區前面的園子,那條幽靜的小路,真是暫時逃避忙碌和俗世的好地方。

花園裡的立方體，不知
道是不是凳子，作用有
點讓人費解。不過拋開
功利價值的研究，它們
的觀賞價值還是不菲
的。

清華大學經管學院的大樓。經管學院才建成沒有幾年，已經在高校的經濟學院系裡有很
高的排名了，清華成為一流的綜合性大學看來真是指日可待。

的傳統。北大的百年校慶上，美國總統柯林頓演講時說：「北大是中國的哈佛。」於是大家就很自然地推出「清華是中國的耶魯」。也不知道是不是這樣一個緣故，北大和清華年年就有一場賽艇較量，就在北京市內的人工河裡舉行，各有勝負。也許做這樣的運動和比賽，並不是單純的娛樂和健身了，兩校要做世界一流大學的願望，被政府的「211」計畫給挑引得十分強烈，雖然學校還沒有足夠的實力躋身進去，可該有的意識和派頭先得培養起來才是。

我這個北大的學生到此也不得不承認，清華全校的體育運動場館無論在面積上（共約十七萬平方公尺），還是在體育設施的完善和先進上，在全國高校中都是當之無愧的第一。

清華人是喜歡運動的，小半是為了樂趣，大半是為了身體。學校也喜歡給學生提供運動場所，不惜工本，小半是因為有錢，大半是因為太愛學生的緣故。在東體的牆上，有一排金色的大字：「為祖國健康工作五十年」。這個口號樸實又無私地讓人感動不已（祖國肯定比我還要感動），但是細想起來，心裡卻有些不是滋味：一半的學生可能是為祖國健康工作五十年，另一半的人卻在這麼好的體育設施中，鍛鍊好了去為美國健康工作五十年。不過，現在是國際人才的時代，我還是趁早驅散這種小國寡民思想下的自尋煩惱吧。

再往南走，便不再是沒完沒了的運動場館了。

主樓區一直是清華有名的地帶。中央主樓面南背北，正對著一塊很大的草坪，高大挺拔，頂著藍天白雲，十分壯觀。它的兩旁是東主樓和西主樓，透過幾道帶著門的走廊連成一片，前面是

一個寬敞的廣場。

　　整個主樓區是在五、六〇年代的時候建起來的，採用的是俄羅斯風格的建築形式，所以往這裡一站，總感覺到一種俄羅斯所特有的莊重中的細膩。這一片占地不少，總建築面積也有七千多平方公尺，共有十層，也許現在看來，四十公尺並不是什麼讓人震撼的高度，但想想四、五十年前，它看起來該是有多麼的撼動人心！所以，主樓區的建築一直是校園東部的標誌性建築。

　　中央和東主樓現在是資訊科學技術學院所在的地方，而西主樓劃為了電機系的地盤（聽上去像諸侯割據，實際上在大學裡，各院系的占地也的確如此）。在西主樓的北邊，李嘉誠先生又錦上添花地捐了一大筆錢給清華的資訊學院，讓他們拿去建造一幢未來互聯網樓。

　　這一帶，就像主樓的深沉莊重一樣，沒有什麼浪漫的色彩，集中的是智慧技術、集成光電子、電力系統、微波與數位通訊四個國家級實驗室，還有CIMS國家工程研究中心、集裝箱檢測實驗室等高科技研究室。說實在的，這些名詞我都不甚瞭解，只是從資料上得來，因此說的時候都不免心虛。倒是看到東主樓門外牆壁上鑲嵌的整整三十塊銅牌，上面寫著Intel、Sun、Compaq、HP、三星這些世界著名跨國公司的名字，還能知所云。清華的確是名聲在外，這些大企業都願意和她建立起聯合實驗室，利用清華豐富的智力資源，而清華也樂得拿他們的錢和利用他們的管道把科技更快地轉化為市場價值。

　　另外，中國教育科研網（Cernet）、校園網路中心、備有數百台電腦的開放實驗室，都設在中央主樓。到2000年底，全校上網

電腦達三萬多台，清華在全國大學中首先進入網路時代，同時也
進入世界先進行列。全國數百所大學首先經由八大城市的中心
校，最後透過設在主樓二樓的Cernet和Internet聯網。所以，主樓
區是清華高科技的中心之一，也是中國大學網路的心臟。

在寬敞氣派的主樓前，有一片幽靜的小花園。這樣相當不
錯，若是不喜歡這種建築造成的過於社會化、科技化的感覺，便可
以就近鑽進漂亮幽靜的小林子裡去感受一下自我。從花壇的旁邊
尋了一條小路，剛一走進去，氣氛就大不一樣了。小路全藏在樹
蔭下面，帶著濕潤的感覺。走在上面，那樹枝是如此的自然而低
垂，需要低頭才能得過。在樹下，有恬然閒適開放著的花朵，小巧
可人。過了這條小路，又開闊了起來：在清華裡忙裡偷閒的時間只
能是短暫的。在一片草坪之上，有一塊空地，上面七七八八地放
了些石頭做的正方體，大理石面，有乳白色和淡青色。大概這是
些凳子，但我卻從未見人在上面坐過，也許它們是一組雕塑，相
隔甚密，必定是表達人才濟濟的意思。這也是我的瞎猜了。

清華校園近來最為人知的變化就是主樓南邊的新教學區。最
開始知道這裡的變化，是偶然一次晚上路過，只見到原來的東門
怎麼竟然向外面跑出來了將近一里，而且樣子也變得一點都不一
樣了。於是趕緊走了進去偵察，只看到地上都是白色的小燈，跟
士兵似的排了一行又一行，黑夜裡非常明亮和壯觀。再一抬頭，
真是嚇了一跳，兩邊都是黑黝黝的影子，很是高大。再定睛時，
才明白，這裡竟新建了這許多大樓。

白天的時候，才能把他們都看得真切。這一片地方都是以中
央主樓為中軸線，道路正好對著樓，修得很寬，在學校裡的路很

法學院的大樓，夠壯觀的了。

相對而言，在這一帶的建築物中，建築館倒是比較樸實無華。

逸夫科學技術館的排
場做得真是大,就看
那高高的階梯和幾根
大柱子,大學院的氣
度就出來了。

靠近東門的液晶大樓

少有能寬到這六十二點八公尺的。但是這路卻被兩條小路和一帶草坪分作了三個部分，草坪占得最多，直直地從中央主樓一直鋪到東門，很有皇家氣派。

在道路的西邊，直線一排，由北至南是經管學院，叫做偉倫樓。裡面有陳岱孫先生的雕像。這是我常來聽課的地方。他們的一些老師同時也在北大兼課，其中的平新喬老師就在北大教過我的微觀經濟學。他身材不高，但聲如洪鐘，講起課來精神抖擻，沒有人能妄想在他的課上睡得著覺。教材特別的深，講中級微觀時就忙著告訴你高級微觀的知識，給的作業總是特別的難，尤其對於模型和數理要求很高，但好在他講課清晰嚴整，所以只要認真聽課，應付起來，問題也不大。他愛說的話是「點點」，只要形容什麼少，他就用南方口音很重又很認真地說「點點」，因此被同學們叫做「平點點」。

清華東門全部由花崗石組成，門兩側是酷似二校門的門垛，內外共有八根高大石柱，而且從校門外一眼就可以望到雄偉的主樓，這正是設計的成功之處。

　　經管學院的西側和南側,是伍舜德先生捐資建造的高級企業培訓中心和公共管理學院。再往南就是明理樓,那是清華法學院的所在地。清華的經濟和法律等社會科學院系都是不久之前才開始建立起來的,現在不但在硬體上已經具有這樣的規模,而且他們又拿出了當年那種求賢若渴的精神,廣招天下英才,從國外聘到了許多學術上頗有建樹或潛力非凡的中國學者,發展情勢大好。

　　再南邊是還沒有完全竣工投入使用的機械和環境樓。在大路的東側是建築學院的大樓、逸夫技術科學樓及光碟和液晶工程中

清華的東門是清華在香港的學子們為了表示對母校九十華誕的祝賀,捐資修建起來的。
清華校園的美麗有很大部分是來自清華人對她深深的愛。

東門前橫臥的長條石碑，上面刻著清華的校訓。這一校訓在清華校園中的建築物上經常可以看到。

心。我最喜歡的逸夫技術科學館，高高的臺階和柱子，有那麼一點雅典學院的感覺。不過，正當我懷著讚許之心欣賞它的時候，兩個清華的學生從我後面走過，一個說：「逸夫樓建得最不好了，華而不實，浪費多少空間？」另一個同意道：「還是建築系的樓修得好，空間都利用上了。」唉，真是不一樣，清華的人永遠都這麼實際。

站在東門的後面，再看看這一片，確實是壯觀！現在看清楚

了，那一條長達一里的中軸綠化帶氣勢非常恢弘，如果空中鳥瞰的話，一定能看到一個巨大的綠十字臥在北邊的四座建築之間。這個綠十字長的那一豎竟然有三十二公尺寬，種的是翠綠的冷季草。兩側的花崗石路有八公尺寬，銀杏和國槐分作整整齊齊的兩排站在路邊。那一橫比豎還要寬，有大約四十公尺，常青樹和山石點綴其間，又頗有些野趣。在這一段裡，是看不見汽、機車的，因為它只允許行人和自行車通過，是校園裡最大的「步行區」，所以顯得又安靜、又莊嚴。

只需要回過頭來，就可以看到壯觀的西門。清華的門也不少，但真正有特色的只有西門、二校門和這新修的東門。西門的樣子是有點歐洲式的莊嚴，可惜的是正好在匆忙紛亂的三岔路口，讓人沒有辦法帶著很靜穆的心情去瞻仰。二校門一直是享有盛名的，誰到了清華都要和它合上一張影。它長得也是精巧又宏偉，本來是一處古蹟，當年是清華園大宮門，所以風格和圓明園中的西洋樓很相近。清華園是皇帝的行宮，最初建成後，有兩道宮門，大宮門大殿叫做永恩寺，也就是現在的二校門。這樣說也不確切，二校門在文革的時候被毀掉，是後來又重新修復的。二校門儘管有形態和內蘊的美麗，但它畢竟不是真正的校門。倒是這最近才修成的東門，一躍而成為清華真正的門面了。

這是一座全部用花崗石裝飾起來的校門，光潔如玉，帶著點乳白色或淡黃色，在陽光下異常瑩潔。校門還是西式的，門兩側的門垛和二校門的風格很相似，內外加起來，一共有八根高大的石柱。校門門垛的頂平實無華，並沒有根據門垛下部的風格而自然地建成壯觀的拱型門做頂部。這是因為害怕從這門外望去，拱

型門頂妨礙了人們觀賞校內的風景和主樓。

東校門在2000年4月20日落成，正好在清華八十九週年的校慶前夕，是由香港清華聯會捐了二百零九萬元人民幣建起來的。由胡紹學教授為首的一個小組設計，他們把清華校園裡建築物的各種建築元素都綜合了起來，所以東門古典又現代、雄偉又新穎。

在校門外，培植了兩塊草坪，向兩邊延伸開去，越發讓校門顯出寬敞來。草地上東西各有三道部分重疊起來的石牆，在牆的鏤空處裝上了燈，晚上燈亮起來的時候，把校門輝映得帶著神秘的美麗。玫瑰紅色的花，一叢一叢地開在牆根下，風一吹來，搖曳生姿。

在正對校門的綠地上，橫臥著一塊大石碑，正面寫著「清華大學」。背面就正好是清華的校訓：「自強不息、厚德載物。」

提及校訓，不得不說，清華在創造學校的凝聚力方面，在中國大學中當首屈一指。清華有自己深入人心的校訓、有自己的校歌、有自己的校旗，這在別的大學裡是不曾有過的齊全和自然。

清華從一建校開始就很注意這種學校精神的樹立和培養。早在1911年，清華學堂初創時，就提出以「進德修業、自強不息」為教育之方針。在唐國安和周詒春做校長的時候，他們都很注意培養一種「清華精神」，周詒春還提出了「德、智、體」三育並進的方針，這可是中國最早要培養「三好學生」的主張喲！但清華校訓的真正成形，還是因為梁啟超那篇著名的《君子》講演。1914年，梁啟超到清華講演，題目就叫做《君子》。在演講中，他說道：「周易六十四卦，言君子者凡五十三……乾象言，君子自勵猶天之運行不息，不得有一暴十寒之弊……坤象言君子接物，

肚量寬厚，猶大地之博，無所不載……」演講最後，他又勉勵清華學生，說：

「清華學子，薈中西之鴻儒，集四方之俊秀，為師為友，相想磨，他年邀遊海外，吸收新文明，改良我社會，促進我政治，所謂君子人者，非清華學子，行將焉屬？雖然君子之德風，小人之德草，今日之清華學子，將來即為社會之表率，語默作止，皆為國民所效仿。設或不慎，壞習慣之傳行急如暴雨，則大事償矣。深願及此時機，崇德修學，勉為真君子，異日出膺大任，足以挽既倒之狂瀾，作中流之砥柱，則國民幸甚矣。」

這次演講之後，清華就把「自強不息、厚德載物」作為校訓，後來又被鑄入校徽，高懸在大禮堂的上方。

清華東門前的旗竿上飄揚著清華的校旗。

「自強不息、厚德載物」出自《周易》：「天行健，君子以自強不息」（乾卦）、「地勢坤，君子以厚德載物」（坤卦）。意思就是：天的運動剛強勁健，相應於此，君子應剛毅堅卓、奮發圖強；大地的氣勢厚實和順，君子應增厚美德、容載萬物。

學校希望學生做一個高尚的人，在氣節、操守、品德、治學等方面不屈不撓，戰勝自我，永遠向上。人應該在事業與品行兩個方面都不斷地自我完善，其最高的境界也就是《周易》當中的這兩句話了。為人做事時，人不要挑剔苛刻，最好是順應自然，有博大的胸懷，做到寬容忍讓。而在事業上面卻要終身追求，絕不能半途而廢，要始終嚴格地要求自己，蓬勃向上。這樣的校訓的確是很有內涵，而且出自名家之口，又有如此長的時間，無怪乎中國不再有哪一所學校能有這樣著名的校訓了。

清華的老校歌也是很有品味和感召力的。很少有一首校歌不但不會遭到學校師生的嘲笑，而且還能受到廣泛的歡迎。一般校歌的詞都寫得假惺惺的，和專為節日謳歌而作的那類歌曲一樣，沒有什麼生氣，旋律也非常平淡，因為這類歌的目的不在表現音樂和文學之美，重要的不是審美目的而是功用性質。原來清華是有不少校歌的，但全都不得人心。大概在1923年左右，清華開始公開徵求校歌。教國文和哲學的汪鸞翔教授寫出了一首詞，前來應徵，得到了校內外人士的嘉許。歌詞是這樣的：

西山蒼蒼，東海茫茫，
吾校莊嚴，巍然中央。
東西文化，薈萃一堂，

大同爰躋，祖國以光。
莘莘學子來遠方，
莘莘學子來遠方，
春風化雨樂未央，
行健不息須自強，
自強，自強！
行健不息須自強！

左圖右史，鄴架巍巍，
致知窮理，學古探微。
新舊合冶，殊途同歸，
肴核仁義，聞道日肥。
服膺守善心無違，
服膺守善心無違，
海能卑下眾水歸，
學問篤實生光輝，
光輝，光輝！
學問篤實生光輝！

器識其先，文藝其從，
立德立言，無問西東。
執介紹是，吾校之功，
同仁一視，泱泱大風。
水木清華眾秀鐘，

> 水木清華眾秀鐘，
>
> 萬悃如一矢以忠，
>
> 赫赫吾校名天穹！
>
> 天穹，天穹！
>
> 赫赫吾校名天穹！

這是如何有氣勢和內蘊的校歌啊，各段的對仗、語言的精鍊、用典的貼切，恐怕現在任何一所學校也不可能再得到這樣的校歌了。

清華精神總是無時無刻不被有意無意地強化。在清華東門外面，懸掛著國旗、清華的校旗和清華九十週年校慶時的旗幟。清華校旗也是清華精神的一件標誌物。在1917年前，清華就把「自強不息，厚德載物」的校訓刻成校徽，又將校徽印在紫色的旗幟上做了校旗，一旦有活動慶典，就會懸掛出來。清華的校旗是紫色和白色兩種顏色，形狀為長三角形，大約一半是紫一半是白，用中文和英文兩種文字印著清華的校名。清華人因為熱愛自己的學校而熱愛校旗，同時也因為對這校旗的熱愛而益發愛著自己的學校。聞一多寫詩讚美過校旗：

> ……
>
> 你若會唱園內之『明日』，
>
> 你當想起我們紫白的校旗，
>
> 你唱出風旗飄舞的節奏；
>
> ……

飄啊！紫白參半的旗喲！

飄啊！化作雲氣飄搖著！

白雲扶著的紫氣喲！

氳氳在這『水木清華』的景物上。

雲氣氳氳的校旗呀！

你在百尺高樓上飄搖著，

近矚京師，遠望長城，

你臨照著舊中華的脊骸，

你臨照著新中華的心臟。

啊，展開那四千年文化的歷史，

警醒萬人，啟示萬人，

賜給他們靈感，賜給他們精神！

雲氣氳氳的校旗呀！

在東西文化交鋒之時，

你又是萬人的軍旗！

萬人肉袒負荊的時間過了，

萬人臥薪嘗膽的時間過了，

萬人為四千年的文化！

與強權霸術決一雌雄！

……

難怪在清華校園裡轉一圈，所看到的許多雕塑、許多建築和

其他的設施與點綴，大都是清華學子們貢獻的，有的已經是好幾十年前的清華人了，有的卻是剛剛畢業沒多久，他們都心繫著自己的母校，無論是身在天涯海角，無論已經與她闊別多久，心中的清華情結永遠常在，而且一旦有機會，總不忘為清華校園的美麗和學校的發展貢獻自己的力量。

11 最後總要從象牙塔走出來

您卻讓他們真正昂首挺胸、面無懼色⋯⋯

　　清華精神還有一點是重視實幹。朱自清先生曾經說「清華的精神是實幹」，不過那個時候，清華儘管相對於別的學校實際得多，但是也帶著比較強烈的理想主義精神。第二次世界大戰結束後，全國大學院系的改革，使清華成為一所以工科為主的大學，工科的操作型特點讓清華的實幹精神得到了進一步的發展，而理想主義的色彩益發淡化了。不僅清華的學生在學習和工作上如此，清華的學校管理也是非常制度化和程式化，要做重大決定時，都要經過細密的操作程式和系統。清華的學生，因為他們實幹的精神，所以美名在外，用人單位都很樂意要清華的畢業生。也因為他們踏實穩妥，便連官員也願意從他們中篩選。中央、省部的官員，有許多都是清華學生。而且清華的工程訓練使清華學生養成了很強的團隊意識，不像文理科的學生那樣強調個性和思想的創造性以及自由的空間。清華的學生受了清華精神的薰陶之後，工作時態度謙虛，埋頭肯幹，懂得尊重上司和同事，所以人際關係都相當不錯，這和中國的社會特點是非常吻合的，所以受到如此

在清華東門的東邊就是清華科技園已經初步竣工投入使用的一部分,其他更大的部分現在還在建設之中。

出了校門可就是另一個世界,一切便是另一種繁忙。很奇怪,就是一道圍牆,竟然真的可以劃出兩個差別如此大的世界來。縱然是離學校很近的外面,也有截然不同的感覺。

清華紫光集團的大樓就位於清華東門的西南方。

的歡迎。

　　清華大學因爲有這樣的實幹精神，所以也樂於入世創業，再加上學校本來就有非常雄厚的智力資源，所以在目前高科技時代中，他們也引領著中國科技產業的潮流。

　　在清華東門的東西兩側，就是清華科技園。

　　這一科技園是在1993年得到批准並建立起來的。當時政府是把清華科技園納入到了北京的經濟發展戰略中，它被列爲發展高科技產業的重要基地。

　　科技園規劃的面積很大，目前還沒有全部建成。其實，站在東門，一眼望過去，都是清華科技園的地方，這一片已經是如此

華業大廈，裡面有國家光碟工程研究中心、清華大學企業集團、清華大學科技園區發展中心、北京市液晶工程研究中心、國家CAD工程研究中心、全國高校科技協作網和清華大學科學技術展覽館等。

同方大廈。它是清華同方股份有限公司總部所在地，清華宇航技術研究中心、跨國公司P&G也進駐此樓。

之有科技氣氛了，寬敞平坦、規則整齊又簡潔大方，非常具有氣勢。不過，這裡風一吹來的時候，有些飛沙走石，因為有大量的科技樓還正在建設中呢。

現在初步建好的一片是東門附近不遠的清華科技園起步區，從西到東，一排矗立著紫光大樓、華業大廈、同方大廈、學研大廈四幢大樓，總建築面積達到十萬平方公尺。

清華紫光集團在全國享有盛名，是由1988年7月1日成立的清華大學科技開發總公司發展而成的，也是清華大學成立的第一個大型高新技術產業。紫光集團以「發展民族工業、創立名牌產品」為戰略定位，已經形成資訊、生物與製藥、環保等三大產業，成為北京市新技術產業開發試驗區「經濟二十強」和全國高新技術產業「百強」。1999年3月組建了清華紫光股份有限公司。紫光大樓就是清華紫光集團所在地，樓內集中了集團總部及下屬的若干公司。它在1994年11月25日落成，共有六層高，建築面積一萬平方公尺。

在紫光大廈的東邊，就是華業大廈。它在1997年10月31日竣工，高七層，建築面積二點一萬平方公尺。國家光碟工程研究中心、清華大學企業集團、清華大學科技園區發展中心、北京市液晶工程研究中心、國家CAD工程研究中心、全國高校科技協作網和清華大學科學技術展覽館等，都設在這一幢大樓之中。

鄰著華業大廈的是同方大廈。清華同方股份有限公司在IT界也是赫赫有名的。它在1997年6月25日，由清華大學企業集團發起。當時把清華原有校系兩級的五家公司「捆綁」組建而成，並在同年的6月27日上市。同方是清華較早有全國名氣的校辦企業，

它的目的是促進清華的科技成果轉化為現實的生產力，主要是發展資訊、人工環境、核技術、化工這些高科技產業，探索出了高校科技產業以「技術＋資本」的戰略發展模式，原來一直有「清華科技，薈萃同方」之說。如今，隨著清華紫光的興起，已經奪走了同方的地位，清華企業集團屬下之「陽光」、「液晶」等公司，都在挑戰著同方的地位。同方的總部就在這幢樓裡面。另外，清華宇航技術研究中心、寶潔公司在這裡也有辦公室。同方大廈在1998年建成，高十層，建築面積二點六萬平方公尺。

　　學研大廈在同方大廈的東邊，在1998年底的時候竣工。建築採用了「Ｖ」字形，由中央大廳連接A、B兩座主體建築而成，高十到十二層，建築面積四萬平方公尺，是清華科技園發展中心辦公場所之一。它代表學校進行科技園的規劃、建設、開發、經營與管理，吸引了國內外高新科技成果進入科技園。大廈的服務先進而完備，使其成為具有持續創新能力的科技園區，並擁有技術開發、企業孵化、人才培育、資訊集散四個中心。2000年，它成立了清華科技園建設股份有限公司，專門從事科技園的房地產開發。

　　清華科技園一看就知道是一個現代精英們工作的環境，因為建築和綠化的風格所表達出來的理念完全可以看得出這一點來。在這已經建成的一片裡，辦公樓都是非常現代的風格，採用冷靜的灰白色作為基本的色調，用彩色面磚裝飾一下，讓它們不至於給人太大的心理壓力。有的地方，還用比較接近自然的石材和讓人心情透亮起來的玻璃幕牆。總體上簡潔明快，能夠讓人感受到忙碌和競爭帶來的壓力，又分明有一種已經習慣承受壓力之後的

上圖：學研大廈。建築平面呈「V」
字形，由中央大廳連接A、B兩座主
體建築而成。

右圖：學研大廈前面的水池，全是
立體幾何圖形，大概是「立體派」
雕塑。水中有很多金色的魚和懶洋
洋的小烏龜，倒是很好玩。

左圖：科技園裡面其實很清
靜，看，成群的鴿子在這裡悠
閒自在地曬太陽，也不會受到
驚擾。

活力和創造性。

園子裡還有很漂亮的草地、景致小巧的樹林，偶爾，也設計上一段通幽的曲徑。樓前也總有活力四射卻又清新涼爽的噴泉，和簡單到只有幾何圖形的雕塑。在繁茂的花叢旁，也會有一兩張長椅，擺出一副悠閒的樣子。在整齊停放的小車之間和它們前面的草地上，也會有鴿子旁若無人地散著步、聊著天、曬著太陽。

這也許就是清華育人的最後結果：培育真正的時代精英，有難以匹敵的天才和技能，有能自然融入社會的親和力，有實幹的精神和奮鬥不息的志向，在競爭激烈的社會中做社會的中流砥柱，並享受著一種充實而不一樣的人生……。

清華，這就是人們心中神聖而博大的清華。

從凝重的歷史中走出，風風雨雨、曲曲折折，來到這已經日新月異的世界，她也經歷了這麼多的變化和演進。

然而，無論時光如何飛逝、世事怎樣變化，清華永遠是保持著獨特精神的殿堂，永遠是無數人嚮往、無數人懷念的家園，永遠是向著更強、更好奮鬥的精英……。